大邑文化
POLIS PRESS

大邑文化
POLIS PRESS

大邑文化
POLIS PRESS

大邑文化
POLIS PRESS

浪漫

教養的完成式

AB寶給偉文爸爸的真心話

李偉文、AB寶——著

作者序

吾家有女初長成

李偉文

相信每個當父親的人，看到余光中所寫的這一段話，臉上都會浮起會心的微笑：「對父親而言，世上再也沒有比稚齡的女兒更完美了，唯一的缺點就是會長大，即使你想用急凍術把她久藏，她男友也會騎摩托車來把她吻醒。」

的確，我的雙胞胎女兒AB寶一天天成長，從一隻手可以同時抱住她們倆，另一隻手拿奶瓶餵奶，到今天她們已長得比媽媽還高了。在甜蜜的幸福感背後，卻時時刻刻都有美好時光即將消失的惆悵。

我知道，與孩子相處的每個剎那都是獨一無二、永不再現

的；我也知道，孩子很快就會長大、獨立，展開她們自己的人生，不能再賦在我們身邊。因此，我與太太這些年陪伴孩子學習的教養目標，就是把握這非常有限的親子共處時刻，讓她們留下快樂的回憶，並給她們一輩子享用無窮的禮物，包括：良好的習慣、足夠的能力、寬闊的胸襟與願意助人的柔軟心。

令人欣慰的，如今AB寶已經順利成長，進入大學，我們總算卸下身為父母的重任，並且快樂地展開空巢第一年的生活。

我跟大部分的父親一樣，是一個忙碌的上班族，而且我還有很多業外的興趣與志業，能夠陪伴孩子的時間並不多，但我總是非常用心尋找各種工具與方法與孩子互動，讓每一段親子相處時光都有實質的心靈互動，並且善加利用「情境」的力量，事先準備好適當的環境，鋪陳出恰當的氛圍，那麼一切我想要的效果，就會水到渠成。

這些年，我不斷在報章雜誌分享這些教養方法，並且陸續集結成書，也常常到第一線與老師或家長面對面討論。每次演講回家，ＡＢ寶都會好奇地問我講了什麼；等到她們上了高中，甚至還會回饋一些不同的看法給我。與以往的教養書比較，這本書是我從ＡＢ寶出生至今將近成年所實踐的「浪漫教養」的心得總結，可以說，在親子教養方面，我已完成了階段性任務。

孩子成年了，教養不是父母說了算，長大後的ＡＢ寶也有話要說。因此，ＡＢ寶各自現身說法，針對我平常侃侃而談的教養觀點，或附議，或補充，或不以為然，這種來自於世代差異所形成的不同觀點，相信頗值得我們為人父母者當作參考。

期盼台灣的孩子能滿懷熱情地面對未來世界的挑戰，進而塑造出更美好的世界。

目次

作者序　吾家有女初長成　李偉文　002

Chapter 1

教養相對論——你的施教，我的受教

父母是否該掌控孩子的人生發展？　010
該讓孩子活出「誰」的人生？　016
什麼樣的人生目標絕不會失敗？　022
為了孩子，父母該放棄夢想嗎？　030
為什麼青春期的孩子不再接近父母？怎麼辦？　036
孩子遭遇霸凌該怎麼辦？　044
青春期的孩子為何如此叛逆？　051
如何讓孩子跟父母說心裡話？　059
如何引導孩子接觸自然？　066

學習可以是沒有壓力而快樂的嗎？ 074
如何在娛樂活動中達到教養目的？ 083
學習、遊戲和日常生活可以兼顧嗎？ 090
今天有什麼好玩的？ 095
浩瀚的網路世界對學習有幫助嗎？ 102
什麼能力是孩子在未來競爭中所必須具備的？ 111
一定要讓孩子學才藝嗎？ 118
可以讓孩子去流浪嗎？ 124
當孩子成績不理想時，父母要如何鼓勵他？ 130
父母當孩子的朋友是正確的嗎？ 136
如何讓孩子擁有一段精彩的中小學生活？ 146

Chapter 2

感性父親的悄悄話——你的疑問，我的建議

怕孩子變成啃老族？跟他談談工作價值吧！ 166
因材施教，父母要跟孩子耍心機 170
有了同理心和溝通力，才能累積真正有用的人脈 176
陪伴孩子，心情要輕鬆，做法要浪漫 181
輕鬆看待孩子的叛逆，不要費力教豬唱歌 185
不過度保護，孩子才會有解決問題的能力 190
照顧孩子的責任不能只由媽媽承擔 196

Chapter 3

父女對照記——你的此時，我的當時

錢 204
寂寞的十七歲 212
入伍訓 220
兒時記趣 229
書 236
電影 245
挫折 252
夢想 258

Chapter 1

教養相對論——你的施教，我的受教

父母是否該掌控孩子的人生發展？

偉文爸爸

其實，養兒育女的祕訣根本從頭到尾都不存在，因為對別的孩子有用的，對自己的孩子也許完全沒用；這個階段對孩子有用的，搞不好過沒多久又沒有效果了。

假如真是如此，為什麼我還是不斷在分享自己的經驗，書市也有數不清的教養書呢？我想，雖然每個孩子都不同，但有些基本的原理原則是共通的，只要有心，法門千千萬，我們可以自行找到最適合自己孩子的方法，而且從別人的經驗裡，可以給我們

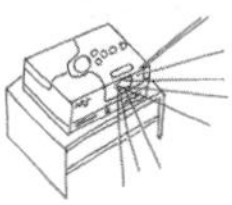

一些安慰與信心。沒錯，當我們知道別人比我們還慘時，明白我們碰到的困難不是舉世唯一時，心情就會好一點，就會有勇氣迎接新的一天。

曾經有人這樣形容：因為人們無法自始就懂得完整觀照自我，上天才創造了孩子，讓人有機會回溯生命。因此，孩子是上蒼給我們的最珍貴禮物。

許多專家學者常常提醒我們，孩子不是我們所「擁有」的，他們是獨立的個體，家長不要有太多的掌控與期待，要讓孩子依照自己的個性與天賦來發展。是的，每個孩子都是獨特的生命，而我們大人也更容易忘記，我們也是獨特的生命，當我們為了孩子犧牲自己的興趣、放棄自己的夢想時，我們就會變成依附在孩子身上的負擔。

當我們為了孩子犧牲自己之後，父母與孩子彼此就不是獨立的個體了！我們必須學會在養育孩子的手忙腳亂、精疲力盡中，仍保有清醒而覺知的自我。

孩子不該是父母的責任，更不是華人俚語說的「相欠債」，而是彼此生命中最珍貴的禮物，幫彼此找到屬於自己的天職與召喚，成為彼此生命中的天使。

我們常說同船共渡或擦肩而過的相遇都是累世的因緣所致，那麼父母與孩子可以相伴一生，又是多麼深厚的因緣啊！值得我們好好珍惜，好好享受！

B寶

我覺得要把孩子養好最大的祕訣就像蒙古人養馬一樣，找一片豐足的大草原逐水草而居，任其在沃土上自然茁壯。因為牧民不可能整天只顧著撫摸馬兒頭、梳理馬兒的鬃毛，大半時間還有許多事務要忙，有牛奶要擠，有毛線要編，而養馬只是其中一項。當爸爸媽媽不把孩子當作唯一的生活重心時，應該比較不會因為小孩的一點波折而那麼焦慮，小孩也不會因為爸媽一直盯著自己各方面表現而倍感壓力。

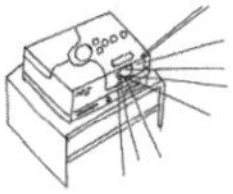

我在準備大學申請面試時，學校幫我們集體模擬面試，有一位同學自我介紹時提到母親的職業是家庭主婦，「媽媽從小全力栽培我學習各方面的才能」，令我在內心替他捏一把冷汗。在這種高壓管理下的小孩，有可能是真有才華也特別努力，或是屬於耐操耐壓認真型，最不樂見的是因為肩負家人太強烈的「關愛」，而產生巨大的恐怖反彈。爸媽投注過多心力在小孩身上，可能會適得其反，養出非常叛逆、壓抑的青少年。

我認為爸媽應該要給孩子健康的土壤、安全的活動領域，而非過度的「化學肥料」。國小時，我沒有上安親班，學校對面的「圖書館」就是我的安親班。台灣到處都有圖書館，小學生待在那兒也相當安全，不用花錢也不用擔心孩子會變壞，並且當我置身在充滿書的環境，就會不知不覺拿起書本閱讀。

爸媽沒有因為我們的出現而大幅度改變本來的生活模式，他們辛苦工作，也很明白告訴我們他們的壓力。我們漸漸體認到爸媽的辛勞，所以努力不讓爸媽操心。

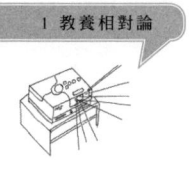

我的高中同學自言爸媽對她的教養方式屬於「放牛吃草型」，也就是父母不管她的功課、社團、人際互動等學生生活大致要面對的課題，她仍活出自己的一片天，更難得的是非常有自信。雖然有時候是孩子自己的性格決定了他的表現，但當孩子擁有「正確的學習態度」、「正向積極的生活態度」時，就不用太干涉孩子的所有事情，因為當孩子用自己的能力完成一些任務，反而會更有自信。

爸媽和小孩彼此互不隸屬，不要過度承擔彼此的責任。我覺得父母好像是引路的天使，在上頭盤旋俯視指導，偶爾空降急難救助；而我們是帶來歡笑的天使，希望爸媽因為有我們，生命更豐富。

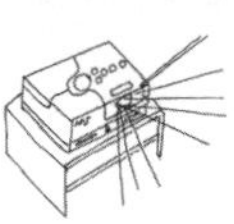

教養，就趁現在

1. 孩子不是父母所「擁有」的，不要對孩子有太多的掌控與期待，要讓他們依照自己的個性與天賦來發展。
2. 親子能幫彼此找到自己的天職，是彼此生命中的天使。
3. 爸媽投注過多心力在小孩身上，可能會養出非常叛逆或壓抑的青少年。
4. 孩子擁有「正確的學習態度」、「正向積極的生活態度」時，父母就不用干涉太多，若孩子能靠自己完成一些任務，反而會更有自信。

該讓孩子活出「誰」的人生？

偉文爸爸

有人說，二十世紀末是一個焦慮的時代，到了二十一世紀，則逐漸進入集體憂鬱的時代，其實不管是焦慮或憂鬱，都反映出我們面對不確定時代的徬徨與恐懼。

的確，時代變遷愈來愈快，一個人的努力認真或優秀愈來愈不能確保他的前途，大家不免好奇：「到底成功的人有什麼祕訣？」

也因此，這些年報章雜誌最熱中報導就是成功名人的故事，

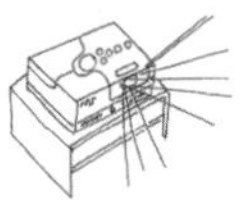

書市裡最暢銷的就是告訴我們有錢人怎麼想、有錢人做了哪些事，父母師長不斷跟孩子耳提面命：「用功讀書才能考上好學校，有好的學歷才能找到好的工作，才能夠賺大錢。」

孩子經由大人的言行與媒體報導，把賺大錢的人視為成功人士，建立金錢至上的價值觀，這令我相當擔心，當整個社會都在追求致富之道，總以為可以找到某個祕訣並複製成功的方法，也會產生許多後遺症。

我們都知道要賺大錢必須努力，但是，往往一個人再努力也不見得有機會致富，而且當我們太強調祕訣與方法，一旦真的賺到錢，不免會認為這是我們比較聰明、比較厲害，成果是自己應得的，而無法看見一路上有多少貴人的幫忙與機緣的輔助。

我常提醒自己，在陪伴孩子成長的過程中，不可在言談舉止中不經意流露出對有錢有勢者的欽羨，在引領孩子探索未來時，我也要他們思考成功的定義。

我認為成功是有意義的度過一生，這個意義與世俗的名利地位無關，而是關乎自己對生命與價值的看法，因此，不須贏過別人才是成功，因為自己的人生有沒有意義由自己來定義，自己過得快不快樂、人生幸不幸福，跟所賺的金錢多少、工作的職位高低其實都沒有關係，也不見得對社會要有很大的貢獻，人生才有意義，人生不是可以量化，不是由數字來決定的。

只要能找到自己的天賦、自己的熱情所在，真的不必隨周遭功利現實的輿論起舞，每個人都可以活出精彩完美的人生，每個人都可以是個成功者。

這個感觸也正是我有一年應邀到台中明道中學國中部畢業典禮演講的致詞內容：「大家千萬要小心提防父母長輩給你的建議，假如你們想要有個精彩、熱情的人生，就不該聽從父母長輩給你的生涯規劃，因為他們太愛你們、太關心你們，怕你們受到挫折，怕你們太辛苦，所以一定會希望你們走一條安穩的路，但是，這是我們自己的人生，想要過得快樂而精彩，一定要做自己！」

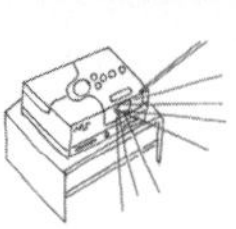

而且真實人生是變幻莫測的，這個世界的變化愈來愈快，我們幾乎不可能知道現在所學的知識或技能，哪一些將來能夠派上用場，哪一些很快就被淘汰。每個人只有不斷學習，才有可能適應未來的世界，而勇於做自己所湧現的求知熱情，是我們所擁有的最重要、最基本的能力啊！

B寶

在我們考完學測後，爸爸就很積極地引誘我們走上非主流價值觀的科系。「讀讀餐飲吧！這樣就天天有好吃的東西吃啦！」爸爸擺明意圖不軌，根本是為了自己著想而已；或是「去服裝設計也不錯啊！」爸爸慫恿愛打扮的姊姊，希望她能選一個夢幻浪漫的科系，以符合他一貫的「浪漫教養」風格。

有這麼一個「浪漫」爸爸，好在有個「務實」媽媽做為平衡，也許他們套好招了吧！總之，我和姊姊一直在這兩種極端中遊走。小學階段媽媽還頗嚴格的，印象深刻的是，媽媽會把「課本重點單元」影印兩份挖空格，要我們在段考前夕坐在她面前寫測驗；她還教我們整理錯誤本，訓練我們面對錯誤、改正錯誤的習慣，每次考前我都是讀我的錯誤本迎戰的。

媽媽利用小學比較乖巧、比較聽話的黃金時期，奠定我們踏實讀書的態度，到了國、高中，我們自己就會很認分地把書念好，爸媽幾乎不再管我們功課。因為爸媽的引導，我知道學生的本分就是認真學習，而我也樂在其中，這種快樂又熱情的學習態度，不只在課業上，我相信，在整個人生歷程中都受用不盡。

教養，就趁現在

1. 只要能找到孩子的天賦、熱情所在，真的不必隨周遭功利現實的輿論起舞，每個孩子都可以活出精彩完美的人生，都可以是個成功者。
2. 只有不斷地學習，才有可能適應未來的世界，而培養、激發孩子內心的求知熱情，將是他們最重要、最基本的能力。
3. 父母不要因為太愛孩子而過度保護他們，否則只會局限孩子的人生。

什麼樣的人生目標絕不會失敗？

偉文爸爸

這些年，我常到各中學或大學演講，在各種活動中接觸到許多年輕人，覺得當代的孩子比起當年的我們聰明、帥氣，也比較活潑、勇於表達，可是，總感覺他們缺乏對生命的熱情，態度有點得過且過、漂浮不定，對未來的想法很功利現實、眼光短淺，也談不上什麼偉大的抱負。

許多朋友難免會困惑，為什麼年輕人成長於物質最豐盛、生活最便利、資訊流通最快速的時代，應該能夠在這優渥的基礎上

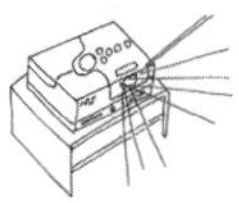

一展長才，怎麼反而出現了一大堆疏離甚至憤世嫉俗的孩子？

我想大概是時代變遷造就出這些「被卡住」的孩子。這是個擁有太多選擇的時代，也因為似乎做什麼都可以，所以什麼地方也都到不了；因為物質太便宜太豐盛，要什麼有什麼，我們對周遭的物品不再珍惜，也不再有感情；與人的相處也一樣，朋友來來去去，跟每個人都沒有深交，也沒有穩定的關係。當我們跟周遭所有人、事與物都沒有感情、沒有關係時，自我存在感就消失了，也會變得虛無，什麼都無所謂，得過且過，不然就轉而追求短暫的感官享樂。

另一個重要原因或許來自於時代壓力造成的焦慮，當年輕人覺得自己沒有能力處理，就會逃避，不想面對自己的人生、自己的未來，也就是不再去思考自己生命的目的與終極意義。

我認為只有正向、對社會有益的生命追求，可以提供我們持續的激勵、動機與復原力。邪惡或卑劣的目的，也許能提供一段時間的強烈動機，但終究會燃燒殆盡。我甚至認為，若孩子追求的都只是利己的——比如說，從小師長耳提面命要孩子用功讀書以考上好學校、找到好工作賺大錢，孩子也真的花了許多心力以此為目標而努力，可是，在這不確定的時代裡，卻很有可能還是會遭受挫折、失敗，也許就此一蹶不振、灰心沮喪。

唯有幫助別人的利他目的，是永不失敗的追求，因為不管我們能力強或普通、工作運氣好或差、有錢或沒錢，永遠都可以幫助別人，建立自己生命的意義。

許多人把短期目標誤以為是人生目的、人生的意義或夢想，我衷心建議應該要以更長遠的眼光來看待自己的生命選擇。

這種生命目的或夢想，與從小師長要我們訂定的目標截然不同。目標通常是有期程、可量化並且可以完成的；夢想剛好相反，它沒有完成的一天，正確的講，夢想可以讓我們一輩子追尋，在我們離開人世之前，沒有所謂的完成，然而，我們每一天的努力、每個時刻的選擇，都可以朝它趨近。

夢想不是現實的目標，因為理智的規劃常在時代變遷的洪流

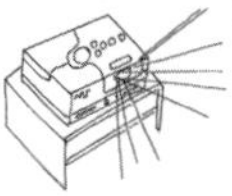

中淹沒，而心願是種神祕的力量，會召喚出許多的貴人與機緣前來助我們一臂之力。而且我覺得具體的目標會形成生活壓力，使我們充滿了挫折；而夢想則能給予生命熱情，讓我們每天都迫不及待地起來面對新機會。

該如何協助這些被卡住的年輕人找到人生意義？我自己通常會藉由生活情境，而不是言語訓誡，來幫助孩子燃起熱情，然後引導他們找到抽象而利他的夢想。

我認為最方便也最有效果的方式是參加服務性社團，在社會參與及幫助別人裡，找到真正的快樂。另外，讓孩子周遭有一些比他大二、三歲或四、五歲的大哥哥大姊姊，不是從書本裡知道，也不是古代的人，而是從身旁認識的、可以看得到摸得到的人物裡找到典範，也是非常棒的方法。

B寶

學測後，在一趟不長不短的旅行中，我和朋友有較長且深入的對話，談的是我們這一代年輕人對自己的定位。有人拋出了一個問題：「若選一個詞要你們填空，你們會認為自己是XX世代？」幾經討論，我們有了最後的共識——「浮萍」世代。

這是一個大人很焦慮的時代，我們年輕人也非常焦慮。我們不像爸媽那一代，只要努力，大概就可以養活自己，買得起房子，能夠活得自在有餘暇。我們現在一下子要被±2℃、被高爾、被全球氣候變遷「威脅」，一下要被印度的工程師與高科技卻廉價的勞力族群、被中國大陸崛起、被邊緣化「恫嚇」；我們得學會使用電腦、操作智慧型手機、用Apps、學各種新奇軟體、取得證照、獲得比別人亮眼的履歷。我們很忙！我們的壓力來自於四面八方，來自於太多太多被美化為機會的負擔。因為眼前的機會太多，我們要在五花八門中做選擇，要伸手和全世界的人一起搶，要知道永遠都要進步再進步，否則別人將迎頭趕上把自己擠

掉。實在有太多太多東西要兼顧，所以什麼都想做，卻什麼也做不成。

爸爸常說：「我高中都看武俠小說，還是考上牙醫系，到現在不是活得不錯嗎？你們高中生幹嘛那麼認真？隨便考考啦！出去玩嘛！」每次聽到這裡，我和姊姊都會怒火中燒。考試當然不是一切，也不是證明自己比別人優秀的方式，但我們沒有特別的天賦才能，所能抓緊的一點依靠就是現階段的成績。不知為何，即使教育政策一直往減輕學生壓力的目標努力，我卻覺得大家學習壓力越來越大。「學習壓力」加上「地球是平的」的全球化壓力，使我們成為沒有根的「浮萍世代」。

沒有根就是不踏實，沒有安全感，一直要瞻望未來，擔憂很多事，這就是我們和上一代人最大的差異，上一代人非常「順其自然」，就是「努力」然後「收成」，現在我們卻是努力再努力，然後失敗。這裡的失敗可以解釋為達不到世俗定義的「成就」，或是對自己的期望。我們和朋友討論了很久，覺得自己又可憐又徬徨。儘管有人說現在這個世代最迷人的就是「不用有美麗的文憑、不用靠特殊的關係」只要靠「創意」就能闖出一片天，但換個角度想，創意單靠努力就能夠擁有嗎？要如何培養創意？要如何和全世界的人競爭創意？

面對渺茫未來，我覺得對策就是「人生以服務為目的」。這真的是沒有所謂失敗、沒有結尾、沒有強烈成功定義的任務，也是在沒有找到天賦或超級有熱情的事物前，我能盡力去做的事。

以前的人也許比較不會把「life」想得太多、太複雜，反正「life is a journey」。我們只是跳上這名為「life」的列車上遊覽一番。但這一代因為前人的智慧累積，比較會全面而深入地思考這件事情，思考自己來到世界上的價值與意義，卻因為來自各方的激流將我們撞來撞去，撞得頭昏腦脹，像浮萍般漂泊不定。因此，「以服務為目的」算是給自己的一個暫時且安心的解答吧！

教養，就趁現在

1. 一旦跟周遭的人事物都沒有感情、沒有關係時，自我存在感就消失了，也會變得什麼都無所謂，不然就轉而追求短暫的感官享樂。
2. 只有正向、對社會有益的生命追求，可以提供我們持續的激勵、動機與復原力。
3. 要協助被「卡住」的年輕人，最有效的方式是鼓勵他參加服務性社團，在社會參與及幫助別人裡，找到真正的快樂。
4. 「為他人服務」沒有失敗，沒有結尾，沒有強烈的成功定義，在沒有找到天賦或超級有熱情的事物前，先盡力完成這個任務吧！

為了孩子，父母該放棄夢想嗎？

偉文爸爸

常常覺得現代的父母好辛苦，哦！或許不是所有的父母，但是，我相信現在正在看這篇文章的家長老師有一部分大概都屬於我同情的對象。

這些會很認真閱讀各種教養書籍甚至期刊、追著專家的演講並勤作筆記的大人，一定非常關心孩子。不過，這裡說的「關心」其實是好聽的話，說是「焦慮」反而比較恰當。我們很擔心孩子輸給別人，擔心孩子未來沒有競爭力，這些認真的父母相信

「培養」、「造就」出一個優秀孩子是神聖的使命。

因此，我很同情如此焦慮的家長，當然還有那些行程比大人還忙的孩子。我們經常被嚇到，看到倡導「學習力」、「語文力」、「品格力」、「國際力」……等教育的專刊，被洋洋灑灑的專家證言、研究報告、統計數字給嚇壞了，擔心「我的孩子若沒有這些能力就完蛋了！」當我們汲汲惶惶奔波於各個才藝班或營隊之間，盯著成績數字或獎狀看時，反而會忽略了孩子成長中最重要的東西——生活的熱情、主動積極的態度以及對未來的憧憬，甚至是懷抱改善世界的使命。

家長陪伴孩子一定要放輕鬆。「關心孩子」是應該的，但是，當我們為了孩子擱下自己的興趣，改變自己的生活節奏，甚至放棄自己的人生夢想時，雖然嘴巴上會說：「這是我心甘情願的。」但是內心一定會有遺憾。這種心情會使得我們在有形無形中對有孩子過多的期待，因為我們為了孩子犧牲了夢想，難免會將夢想投射在孩子身上。在這種有形或無形的壓力下，若是孩子有主見，就會破壞親子關係，若是孩子溫和乖巧，勉力達成我們的期待，就會活得很不快樂。

因此，我覺得當父母最重要的事，就是找回自己對生命的熱情，許多未聯絡的老朋友再約一約喝個下午茶，自己放個假去旅行，年輕時的興趣或夢想也要想辦法重新接觸。

當然，當我們恢復成一個完整的人時，對孩子的照顧難免會沒有那麼周全，但是仔細想想，許多的「照顧」，其實是我們「剝奪」了孩子學習與練習獨立的機會。而且所有教養專家都常常提醒：「孩子不是我們的財產，他們是獨立的生命。」沒錯，孩子是獨立完整的生命，身為父母的我們也是獨立完整的生命啊！

當我們每天生活得熱情又積極，相信孩子看在眼裡，也會對未來充滿了期待。基本上，我不相信有整天埋怨、沮喪或焦慮的父母陪在身邊，孩子會快樂又自在的。

台灣有句俗語：「一枝草一點露。」真的不必為了孩子而過

①
②
China Airline
③
Welcome to
叮
叮
叮
④
當父母一定要快樂
LUGGAGE

度焦慮，父母自己活好最重要，美好的生命會帶引出另一個美好的生命，因為只有生命可以影響生命。

當孩子親眼看到大人每天快快樂樂、又積極又熱情的為了理想而努力，進而激發出「有為者亦若是」的情懷，這才是他們成長中最重要的養分啊！

A寶

我非常同意「父母一定要快樂」。就算爸媽沒有改變自己的生活節奏，照樣正常上班、快樂生活，沒有施加過多的期待與壓力在我們身上，不在意我們考試的名次與成績，我們從大環境感受到的壓力已經夠大了。如果爸媽又為了我們擱下自己的興趣，甚至放棄夢想，後果可能就「不堪設想」啦！不是家庭不太和睦，就是小孩憂鬱煩惱不已。父母要保有自己的生活圈與生活目標，不要以小孩作為唯一的生活目標，更要塑造一個「有希望的正向生活」給小孩當榜樣。

父母一定要快樂，這不代表就此放任小孩，只顧著享受自己的精彩人生，而要適時邀請小孩參與自己的生活，讓孩子瞭解父母的努力過程。

教養，就趁現在

1. 當父母為了孩子擱下興趣，改變生活節奏，甚至放棄人生夢想時，內心一定會有遺憾，以致對孩子有過多的期待，進而破壞親子關係，或讓孩子不開心。
2. 孩子是獨立的生命，父母也是獨立的生命，當父母活得熱情又積極，孩子看在眼裡，也會對未來充滿期待。
3. 父母保有自己的生活圈與生活目標，不代表就此放任小孩，而要適時邀請小孩參與自己的生活。

為什麼青春期的孩子不再接近父母？怎麼辦？

偉文爸爸

很多家長在親子互動很挫折也很困惑，明明孩子小時候很貼心很可愛很黏父母，怎麼一轉眼就變得那麼「酷」，不甩大人？

看孩子跟朋友在電話中談得興高采烈，好不容易等到他們掛掉電話，家長小心翼翼去搭訕：「剛才跟誰在聊天啊？有什麼有趣的事嗎？」結果只換來二個字：「沒事。」然後就轉身進房間，丟下一臉尷尬的父母。

父母必須接受一個事實——隨著孩子進入青春期，同儕的影響逐漸超過父母親。甚至有許多研究指出，孩子的社會化與價值形成主要來自於同儕團體，而不是父母親，因為孩子進入青春期之後會發現，父母長輩與他是不同「群」的人，孩子的認同感來源與被群體接納的本能需求對象，是跟他同年齡同世代的朋友。

這也是父母的夢魘，擔心孩子長大後交上壞朋友，染上了壞習慣，而毀了一輩子。

因此，如果還來得及的話，父母應該趁著孩子還在幼稚園或小學階段，他們還願意跟我們出門，也樂於由我們安排他們的生活細節時，想辦法利用周休假日的家庭旅遊、平常的居家生活或下課後的課外學習，邀約與孩子同年齡的孩子一起玩耍與學習，讓孩子擁有一群一起生活、一起成長的好朋友。

這是多年來我一直在提倡的共學團體，團體的成員大約四到七個人。我自己是從孩子念幼稚園起就幫她們建構二個共學團體，這些孩子的成員來自鄰居、親戚、同事或社團，只要家長的教養觀念與我們相同，以及孩子的本質不錯，我們都會想辦法將孩子們湊成堆。

當孩子有一群（或兩群）共學玩伴，不只學習的效果會很好，以後上了中學，其他的附帶好處才更加珍貴。

首先談到學習效果。孩子與好朋友們一起上山下海做課外探索絕對是人生最棒的回憶；至於課業的學習，大家可以一起請家教，一起學某種才藝，因為是好朋友，大家會互相切磋砥礪，也因為與好朋友在一起，整個學習過程會更加有趣，更加令人期待。

第二，孩子上了中學後，萬一與班上同學處得不好、被霸凌或排擠，這種情況對孩子內心的傷害非常大，但家長又往往無能為力。若是孩子平常在生活中就有一群好朋友，那麼他即使在班上與其他同學格格不入，都不會造成太大的心理傷害。而且往往因為孩子已經有好朋友，有相當多的人際互動經驗，在班上也會有相當的自信，自然能與同學處得不錯。

最重要的是，如果孩子的好朋友我們都認識，不就不必再擔

心他被朋友給帶壞了嗎？而且我們許多想跟孩子交流的訊息、價值觀或影響力，也可以透過這群自己熟悉的共同團體婉轉散播出去，不會給孩子太直接的壓力。

孩子學習的主動性、團隊合作力，都可以在良好的共同團體中養成，而且這群父母從小一起看到大的孩子們，有共同的回憶與經驗，這些都是父母與孩子生命成長中相當寶貴的資產啊！

A寶

申請大學的過程就像玩一場賭博遊戲，要先努力掙到入場門票，接著要算機率靠運氣，讀書、考試、考學測、等成績、申請、準備備審……，這一路上我們受到很多的鼓勵與協助。一申請上大學，就象徵著中學生活的結束，我們決定辦一場分享會，分享中學生活，希望透過這個方式，將我們接收到的許多關愛分享出去。

我們在臉書預告將與C寶一起分享，大家無不好奇C寶是誰，難不成我們有個神隱的三胞胎？C寶其實是從小和我們一起長大的玩伴，彼此的情誼一直延續到現在。我們常開玩笑說，我們不只有C寶這個無敵好友，也有D、E……G寶呢！我們很幸運能年紀輕輕就擁有「老友」，這些好友不僅與我們一起度過無數歡笑時光，也常在我們陷入困境時伸出援手。

這樣特別的緣分讓我深深體會到，建立一輩子的友誼絕不是一起喝喝下午茶、打屁聊天或一起讀書就能做到的，而是要有「一起去完成某件事情」的經驗。高一時，我們與C、D寶參加崇友基金會舉辦的公益旅行，我們要自己設計企劃書、聯絡服務單位及規劃旅程。一路上，發生了無數麻煩事，迷路、掉錢，更慘的是不停吵架，但也因此更瞭解彼此，重新打造友誼的磐石。高二時，和班上同學一起寫小論文，我們針對議題討論觀點。因為要一起寫出論文，過程中不同的意見讓我們更瞭解彼此，也因此成為非常要好的朋友。

這些經驗使我深深體會到一同休閒玩樂可以成為好友，但只

有一起經歷一些刻骨銘心的努力過程，才能成為生命中的摯友。

B寶

爸媽的朋友一籮筐，因此，我也超級幸運，從小到大常常被叔叔阿姨們團團圍住，或摟或抱或捏，受到源源不絕的關愛和照顧。他們更在我的成長過程中給予許許多多的幫助，從小時候援助衣服棉被，到升學途中找老師找補習班，甚至是考大學前的方向指引，都有他們的溫馨相助。爸媽能活得很快樂，無疑是因為有一群摯友相伴，每次看他們聚會時笑得那麼瘋、那麼真誠，我也深刻體會到，「朋友」會是我們快不快樂的最重要原因。

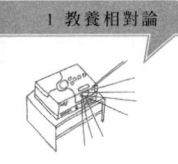

現在交友實在是太容易了，在臉書隨便一鍵敲下去，就能加為好友。好友人數可以在短短幾秒內破百，感覺聲勢浩大，實際上能有一、二個真心真意的知己就算是幸福了。

過年時，爸媽總會特地親筆寫卡片給朋友，也一再提醒我們除了臉書要不定時更新動態，以免和朋友失聯了，最好定期寫信

FRIDAY
上一下fb吧，朋友要失聯啦！
SATURDAY
去聯誼一下，交個朋友吧！
SUNDAY
朋友很重要ㄟ！快滾出門交朋友
還好……
小時候就幫她們尋找好朋友了!

和朋友保持聯絡。真實卡片的重量、信紙的觸感遠遠比晃眼而過的訊息更令人感覺真誠！在生活中的點滴小事裡，爸媽常暗暗從旁叨念叮嚀，雖然科技讓生活更便利、看似更精彩，但是永遠別忘了很多事情是虛擬世界辦不到的，很多情感是需要真實接觸才能深刻的。

教養，就趁現在

1. 父母必須接受孩子進入青春期後，會開始不把父母當成和自己同一群的人。
2. 讓孩子有自己的共學玩伴，不只能提升學習效果，也能預防霸凌的傷害，並學習團隊合作，父母想讓孩子接受的觀念還可透過團體傳播，而不會給孩子太直接的壓力。
3. 想建立一輩子的友誼，要有「一起努力去完成某件事情」的經驗。
4. 想維持友誼，得時常交流近況，並靠寫信等真實接觸傳達關心。

孩子遭遇霸凌該怎麼辦？

偉文爸爸

近年來校園霸凌事件廣受社會大眾關注，讓孩子能夠安心且安全地在學校讀書，應該是父母最基本的期待，可是，學校或社會連這最起碼的要求都無法達到，也難怪會引起家長的憤怒了！

當然，確保孩子的人身安全，在校園裡不被恐嚇威脅甚至傷害，是老師或所有社教單位必須傾全力做到的，但是，身為家長的我也很清楚，自古以來，不論中外，霸凌始終是存在的，也不可能消失，尤其是「傷人於無形」的關係霸凌。

排擠、孤立對孩子造成的心理創傷恐怕是大人無法想像的。一方面是沒有證據，孩子有口難言，那種無從訴說的委屈是非常大的折磨，另一方面來自於人類本能的恐懼。人類的情緒反應與本能，很多還是於數十萬年演化過程中形塑而成的，人類祖先在大草原狩獵時代裡，若被團體排斥，與別人不一樣，便無法存活，因此被孤立、被拋棄代表的就是死亡。雖然到了文明的現代社會，被團體排斥並不會危及生命，但古老的本能還是一直影響著我們。

孩子在家即使倍受父母寵愛，他們內心仍舊知道父母與他是不同群體的人，同年齡的班上同學才是他所屬的群體，因此，當他被這群體排擠時，來自本能的恐懼與形成的傷害，是位在群體外的大人無能為力的。

若孩子在學校生活裡不幸遭到「關係霸凌」，家長真的是無計可施，因為沒有肢體傷害或言語恐嚇的事實，不管老師或家長都無從介入、無法處理。其實霸凌傷害的難處在於，即使處理

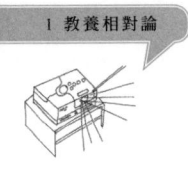

了，孩子內心的創傷仍然已經造成。

幸好霸凌可以預防。在孩子進入青春期之前的幼稚園或小學階段，家長就可以多用點心思，利用平常的課餘生活，幫孩子尋找共同學習、玩耍與成長的好友群。這可以透過參加社會上的公益團體、社區活動，或從親朋好友同事裡，找一些理念與自己相同、孩子年齡相近、彼此也合得來的家庭，在平常的家庭活動中，自然而然地讓孩子建立屬於自己的群體。

假日我們帶自己的孩子去看展覽表演、去登山溯溪或旅行，橫豎也要花時間，不如多邀請孩子的好朋友一起去。當孩子有了對自己友善的群體，一旦在學校不幸被班上的強勢小團體排擠時，內心的創傷也不至於太大，因為他在生活中已有許多好朋友，本能裡被孤立的恐懼就不會扭曲他們的人格。而且孩子如果是在同儕團體中長大，就能夠自然而然學會與別人溝通相處的能力，一個有自信又有溝通能力的孩子通常也比較不會被選為霸凌的對象。

若大人等霸凌發生了才去處理，許多傷害已經造成，而且心理創傷有時候是一輩子都難以撫平的，所以最好能夠防患於未然，讓每個孩子都能學習處理自己的情緒。

許多研究也指出，校園霸凌事件的加害者大部分是受過傷害的人，有著自己難以處理的困境，不管是來自於家庭或內心不安焦躁、無法疏解的情緒，最後才化為霸凌別人來宣洩長期累積的壓力。

因此，不管在教室或家裡，除了教導孩子知識技能之外，幫助他們學習情緒管理以及與人相處的技巧，是少子化及網路世代裡新的重要課題。我們要讓孩子知道，生氣、憤怒、難過……這些情緒本身沒有好壞對錯，但是情緒的表達與行為有恰當與否的分別，大人也必須協助孩子練習瞭解與控制自己的情緒，這些技巧正如其他技能與知識，沒有經驗與練習是無法學會的。

不管大人或孩子，一個人的快樂與幸福感大多來自於與親人朋友的互動狀況，生命的意義往往繫於與社會人群的關係，因此，營造一個友善的生活與學習環境，讓孩子能安心快樂的與人相處，或許是大人可以給孩子最重要的禮物了。

其實從小幫孩子尋找一些共同成長與學習的玩伴，好處真的非常多，除了以上提到的可預防霸凌傷害之外，也有助提升學習效果；還有一個更長遠的好處，當孩子的好朋友家長彼此都認識，甚至非常熟悉時，幾乎可以說孩子青春期以後父母會擔心與焦慮的事情都可以化解於無形，父母與孩子溝通的管道也多了許多，因此，從現在開始，全家的活動就多邀一些孩子同行吧！

A寶

我認為父母很難在小孩面對霸凌時提供小孩最需要的幫助，被霸凌或遭受排擠時，我們最希望擁有的是同儕的陪伴與支持，當然不可否認，父母在這段時期的陪伴和鼓勵也很重要。

霸凌事件、手法層出不窮且日新月異，從單純校內同學之間的排擠，到網路世界陌生網友間的虛擬中傷，霸凌其實是防不勝防的。因此，「擁有一群關係緊密、志同道合的朋友」是對抗霸凌最好的方法。因為從小就擁有一群好友，我們在成長階段能以較健康、正面的心態去面對排擠與霸凌。

我們很幸運，在國小參加了荒野保護協會的炫蜂團，結交了一群一輩子的同伴。我們這群朋友分散在不同學校，即使升上國中、高中，大家見面的次數不像以往那麼頻繁，心裡仍知道有一群好友會默默支持、鼓勵我。這讓我們在面對學校同學有意無意的中傷或排擠時（這種事很常在國中發生），能有足夠的勇氣和能量去面對。

協助小孩建立自己的朋友群（彼此不同學校更好），無疑是對抗霸凌、增進歸屬感與認同感的好方法！

教養，就趁現在

1. 霸凌是可以預防的。在孩子進入青春期之前，家長可以幫孩子找到共同學習、玩耍與成長的好友群，並幫助他們學習情緒管理及與人相處的技巧。
2. 孩子被霸凌或排擠時，最希望擁有的是同儕的支持，也很需要父母的陪伴和鼓勵。
3. 「擁有一群關係緊密、志同道合的朋友」是對抗霸凌最好的方法。
4. 多認識孩子好朋友的家長，有助於減輕對其青春期後的擔心與焦慮。

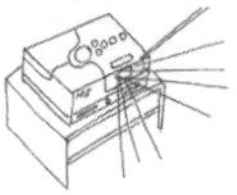

青春期的孩子為何如此叛逆？

偉文爸爸

很多家長很困惑，孩子不久前還體貼甜美的，怎麼一下子變得不理人或成了動不動嗆聲的刺蝟男孩？或許我們沒有注意到，孩子已經進入青春期了。

當然，每個大人也都曾經年輕過，但是，他們卻都忘記了當年的徬徨與掙扎。

青少年是從受父母百分之百照護的兒童，跨到獨立自主的成年人的過渡時期，渴望脫離家庭，卻又害怕失去親情；在身體快速成長的情況下，有許多狀況是他們自己不瞭解也無法掌控的，比如說，負責理性思考的大腦前額葉尚未發育完成，往往由負責情緒活動的杏仁核來掌握行為表現，因此，在理智上，青少年知道打人不好，飆車、吸毒也都不好，卻被杏仁核驅使去做，並獲得情緒上立即的滿足。

這個階段的青少年也正是追求生命意義、同儕認定的階段，急著釐清「我是誰？」「我的價值是什麼？」在尋找自我時，特別討厭父母老是用小時候的他來為自己定位。好辯頂嘴、挑剔唱反調、討厭偽善、挑戰權威是這個「叛逆期」的象徵，父母若不瞭解孩子內心的徬徨，只會震驚地懷疑：「我的孩子怎麼會變成這樣？」然後傷心地回想孩子小時候有多乖，其實這是無濟於事的。當孩子情緒很不穩定時，若是家長沒有發覺異狀，仍然採取高壓的管教方式，親子的衝突只會愈來愈嚴重。

這時候父母應該要調整自己的心情，不再當個無微不至的管理者，與其想爭回對孩子的掌控權，不如轉換角色成為顧問，因為他們不想被大人限制，但還是需要一些意見指導。所謂顧問就是當「客戶」（孩子）準備好，並且確定他們想聽，才發表意見。因為父母與子女對於「需要」的認知不太一樣，往往家長認為只是好意的提醒，孩子卻會覺得不受尊重，甚至視為「魔掌伸到我的勢力範圍」，而立刻暴怒發飆反抗。

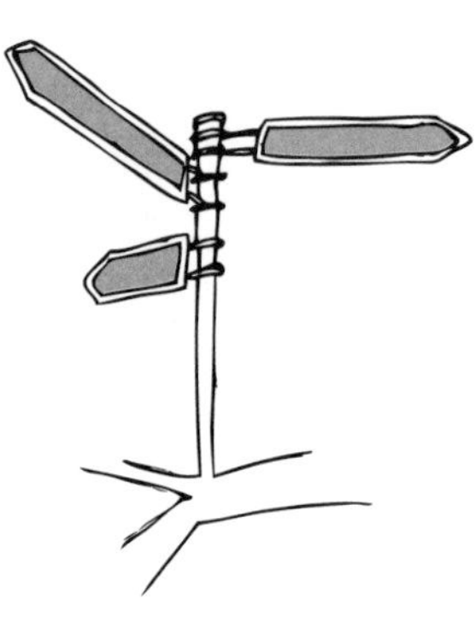

在父母眼中，這個階段的孩子確實是非常「難搞」的，因為他們要求擁有自由，卻無法承擔責任與後果；主觀意識很強，卻沒有完整的思考判斷能力；他們強烈宣示對自己身體與活動的所有權，並且想從事成年人可以做的事，可是，這些活動是他們很少或完全沒有經驗的，因此往往會落入眼高手低的處境。或許家長要動怒責罵以前，能體貼地想到，孩子其實是處在畏懼和不確定的混亂中，卻以外表的虛張聲勢來掩飾。

的確，在這個時代，我們會認為孩子成長在物質富裕的社

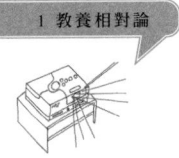

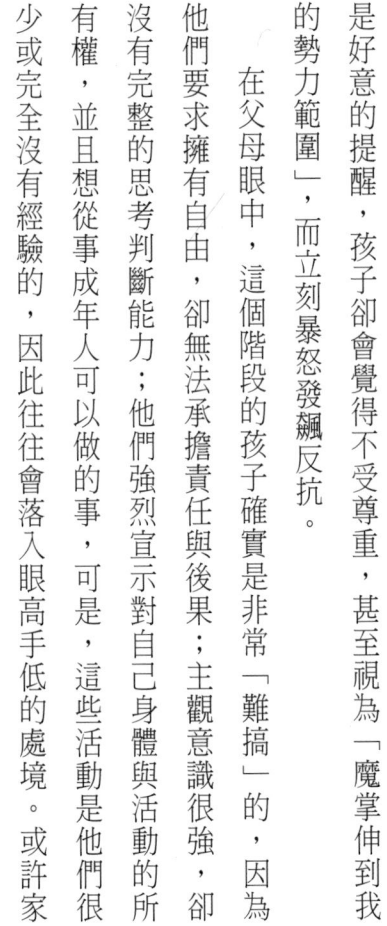

會，要什麼有什麼，已經太好命了，哪來這麼多問題？表面上，這個世代雖然有手機、網路，有更好的教育機會、更多的自由，對孩子而言簡直充滿了各種可能性，可是，同樣的，這個世代也面臨全球化的高度競爭及不確定的未來，其實各種有形無形的壓力非常大，當孩子不知道該如何抒解時，各種精神與情緒上的障礙就會加重。

根據統計，青少年罹患重度憂鬱症的比例有百分之八點六六，換句話說，每十二個人就有一個人受到憂鬱症的折磨。最近台灣有個調查，發現三個中學生就有一位想過自殺，而每四位就有一位採取行動，自我傷害。其實這些年來，青少年第二大死因就是自殺，遠遠超過許多疾病。

而且研究顯示，罹患憂鬱症的青少年不僅會自傷，更會傷人，想要與世界一同毀滅，或許這也是各個國家都陸續發生校園集體屠殺事件的原因之一吧！

我們要理解青少年幽微的心情，常常提醒自己，生命有一定

的歷程，父母要用更大的耐心與寬容，引導孩子度過這個身心成長的風暴期。

A寶

中學時期，我們以看電影及爬山做為共度家庭時光的兩大元素。我們覺得一起看電影、閱讀或爬山都沒時間了，更何況與父母翻臉，因此，我們沒有所謂的青少年叛逆。但與身為青少年的我一起面對憂鬱與徬徨，爸媽在這方面做得很好。

中學時期的我經歷過無數的徬徨與不安，除了因為要面對未來全球化的不確定性，還有要學的東西太多，時間卻太少，每次段考前就開始懷疑，為什麼要讀這些一輩子用不到的書、考這些永遠考不完的試？生命的意義到底是什麼？接著陷入低潮、崩潰、大哭或不想上學這類高中生常見的問題。面對這些挫折與小憂鬱，我認為父母雖無法提供直接的幫助，但在一旁傾聽並給予正向能量是很重要的。現在回頭來看這些鬱悶、不安，反而能促使我思考自己的人生與定位。父母能做的就是不要給小孩壓力，並且以身作則享受生命與生活。

每當看到爸媽每天快快樂樂，積極熱情地為他人、為自己的興趣和生活奮鬥時，我的不安與徬徨便會減少許多，父母的樂觀與自我肯定，能讓我燃起面對未來的勇氣。

B寶

有些親子溝通不良的家庭常鬧冷戰，這在我們家並不常上演，至今只發生過寥寥幾次，也在一、兩天內就迅速宣告破冰了。因為我家的冷戰多半是我們觸怒了母親大人，但我們卻又仰賴她的食宿接送、心靈雞湯，根本僵持不了太久。常常是我們忘記了雙方正陷入冷戰而照例呼叫「媽——」，轉頭卻看見一張篤定木然的「要我們反省，否則不說話」的臉，不用多久，就在討饒、哀求、開條件、溝通、自我懲罰之下達成停戰和解。

當吵架、責罵無法達到功效時，冷戰是最明智也最殘酷的解決之道，但是，成效要看家長和子女的親密程度而定。若平常關係好，冷戰立竿見影；若平常雙方就不太說話，那豈不是讓彼此更自得其樂，更老死不相往來？

不過，比起雙方互相謾罵，冷戰提供退一步冷卻的空間。孩子受責罵時咿咿啊啊的回應，可能只是敷衍，實際上並沒有在聽，冷戰則逼他真正去思考、真正意識到父母對自己的重要與付出。

家庭本該是如國小作文所比喻的「最後的避風港」，本該是互相給予愛和尊重的美麗天堂，本該是一個不必擔心被嘲笑羞辱、給予鼓勵與建議的溫暖天地，但有時會迫不得已颳起冷颼颼的風，即使如此，最終仍要重新喚醒彼此提供給對方的溫暖，仍要記得冷風背後那源源不絕的暖流。

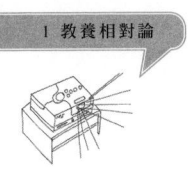

教養，就趁現在

1. 青春期是尋找自我的時期，孩子會特別討厭父母用小時候的他來為自己定位。父母要能體諒孩子內心的徬徨，整天回想孩子過去有多乖，是無濟於事的。

2. 當孩子進入青春期，父母就別再當管理者，而要當他的顧問，因為青少年雖不想被大人限制，卻還是需要一些意見指導。

3. 正值青春期的孩子陷入低潮時，父母若無法提供直接的幫助，更需在一旁傾聽並給予正面能量。

4. 親子關係緊張時，不妨先「冷卻」一下，讓彼此能調整心情，等意識到對方的重要性時，關係就能回溫了。

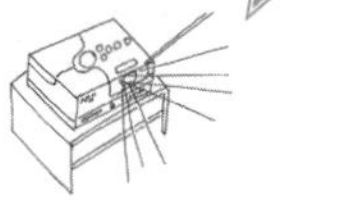

如何讓孩子跟父母說心裡話？

偉文爸爸

我們經常在媒體報導或社會新聞中看到青少年發生問題後，他們的父母或家人不可置信地表示：「怎麼會這樣？一點都看不出來呀！」當我們內心暗暗指責那些父母失職時，也該回頭想想自己跟孩子的互動。或許在孩子看似正常的行為舉止之下，也潛藏著許多未爆彈，畢竟在孩子成長的各個階段裡，會遭遇到各種的困惑、難關及誘惑。

如何讓孩子在徬徨或面對誘惑時願意向大人求助，是當代父

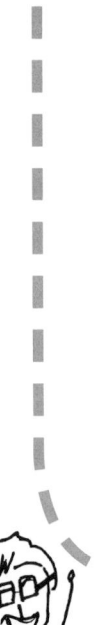

母最大的課題，因為我們已經活在一個非常複雜、變化非常迅速的時代。就像電影《小孩不壞》裡那位傷心的媽媽所說的：「我以為孩子出去才會變壞，想不到他整天乖乖待在家裡上網也會變壞！」

誠如有支廣告的對白：「我是在當了爸爸之後，才學會當爸爸的。」雖然親情及父母與子女的愛是天生的，但是現在的父母與從前父母不同，我們必須努力或刻意地學習如何陪伴孩子，不像從前，孩子是與眾多具有親屬關係的大人一起成長，換句話說，從前的家庭關係是一大群不同年齡的大人與一大群不同年齡的孩子起居都在一起，生命成長階段是連續的，每個人眼前就有眾多典範，從生活中自然而然地就變成稱職的父母。

隨著社會型態改變，現在幾乎都是小家庭，父母親少了來自親戚長輩的支援，同時由於都市的公寓大廈盛行，來自街坊鄰居的看顧照顧體系也全然瓦解，當代父母幾乎是必須孤立無援地面對孩子的教養責任。再加上社會快速變遷，孩子得面對來自複雜

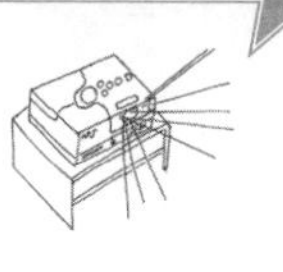

的人際關係、影音數位媒體及各種商業行銷的誘惑，這些都是父母必須與孩子一起承擔的挑戰。

孩子有困擾時願意及時跟大人求援那還好，最麻煩的是他們悶在心裡，等到自己承受不了或事情不可收拾時，大人才發現。

孩子不願意講的原因有很多，一部分來自於孩子在青春期的快速成長，許多情緒他自己也搞不清楚，再加上表達能力與人生經驗都很有限，不容易將許多想法做條理清晰的整理，所以很難跟別人說明。可是，我相信還有一大部分原因來自於孩子對大人失去信任，因為大人忙碌，也因為大人不瞭解孩子的心理。若忽略了孩子幽微的求援訊息，甚至一味以八股教條來教訓孩子，很快地，他們就會關閉與大人溝通的大門。

而且青春期的孩子往往最痛恨虛偽的人，偏偏父母親常常跟孩子講一些自己其實也不相信的話，那些道德教訓孩子聽都聽爛了，除了沒效果之外，更容易引起孩子的反感。

那麼父母該怎麼辦？

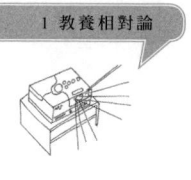

我想，最重要的是提醒自己，想訓勉青春期的孩子時，切記先停頓一下，盡可能設身處地想一下孩子當下的心情，然後用他們聽得進去的方式來講，也就是要在接受他們情緒的情況下誠懇地分享自己的感覺。當我們能夠貼近孩子的心靈，才能產生真正的同理心，也才能贏得孩子的信任，建立親子真正的親密感。

B寶

其實小孩子有時候也很無奈，一是因為沒時間說，二是因為說了也無濟於事，而且時代不同，我們和上一代面對的壓力與挑戰也不同！沒時間，不只是因為小孩忙著補習，有時是因為家長自己沒時間、工作太忙也沒心情說話。為了彌補平日的談天時光不足，假日我家必做的一項家庭活動就是「爬山」。利用這段除了走路就是聊天的時光，我們會趁機和爸媽分享趣事，也會提出一些生活面臨到的難題，比如：學測後如何準備面試，就是用這段神聖時光維基解密。當然，不一定非得爬山，每個家庭都能夠

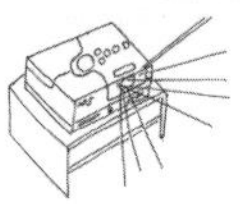

創造獨特的時光和空間，當情境氣氛營造出來了，孩子應該就會把平常不知該如何吐露的心事說出來。

當孩子的問題抛出後，爸爸媽媽怎麼接招就很重要啦！像是老爸常常很不識時務地硬要扯當年勇——自己隨便讀讀便考上牙醫，還叫我們不要那麼認真，我們明明分析很多遍：現在教育體制轉變，而且其他同學多努力、補習多認真，如果自己再不讀書會有多慘，他就是仍然死守自己陳舊的理論。這就是一個嚴重的反例，若爸媽真要回應我們的疑難雜症，應該要研究清楚狀況，不然就會適得其反、火上加油，弄得我們不想跟他聊這個話題。

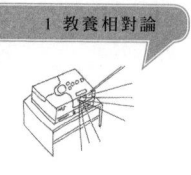

好在他看我們一路準備上大學長路漫漫，似乎終於有所體悟，也稍稍改變自己的老觀念啦！雖然老爸解釋，這麼做是想讓我們輕鬆面對大考，但時空真的已經不同了。

媽媽在這方面身段比較柔軟，比較懂得提供實質上的幫助。面試大學是一例：級分排序的難分難解，常令人有買樂透般的大喜大悲；五花八門的科系看起來都很吸引人，卻又深怕一腳踏上

走！我們去爬山！
不了，我還要寫十幾篇稿
除非你要我失業
走！我們去爬山！
不了，我還要煮十幾個便當
除非你想吃餿水油
走！我們去爬山
不了，我還有十幾張考卷 除非你幫我寫
不行！
你們沒看到有一本書上寫：爬山是我家倒行公事嗎？！
而且，我的 check list 口爬山還沒打勾勾啊！

賊船，實在令人焦躁；面試時稀奇古怪的考古題絞盡我腦汁，還是覺得自己回答的是個爛答案……媽媽都幫了不少忙。考試升學是最鮮明最迫切的問題，還有許多生活瑣事，只有當爸媽願意深入瞭解這些問題的細節，用心體會我們的困難，才會對孩子有幫助，孩子也才會願意說出來。

教養，就趁現在

1. 青少年有困擾時不願意跟大人求援，部分原因是沒有足夠能力釐清自己的情緒，也不太能將想法跟別人說明，最主要的是對大人失去信任。
2. 父母別跟孩子講自己也不相信的話，那些道德教條除了沒效果之外，更容易引起孩子的反感。
3. 每個家庭都應該創造獨特的時光和空間，當氣氛營造出來了，孩子就容易說出平常不知如何吐露的心事。
4. 只有當爸媽願意深入瞭解問題，用心體會孩子的困難，孩子也才會願意把困擾說出來。

如何引導孩子接觸自然？

偉文爸爸

近年立法院通過環境教育法，以正式條文規定，包括所有政府部門及各級學校，每個人每年都要接受四小時的環境教育課程，沒有達時數要求的機構會被處罰。

這樣強制每個人瞭解人與環境之間的關係，當然是為了因應現今全球環境變遷對人類文明的威脅，但是若不考慮這個議題，單單就孩子的學習領域而言，包括想像力、創造力及探索世界的好奇心等的培養，都可以從引導孩子接近大自然來著手。

可是，有許多家長會擔心地說：「我對自然一竅不通，該怎麼辦？必須請老師來上課嗎？」

《寂靜的春天》的作者、世界環保運動啟蒙者瑞秋・卡森女士曾經說過：「假如我能向好心仙女祈求一個願望的話，我希望她能讓全世界的孩子都有感受神奇事物的能力，而且這種探索的好奇心能夠終生保有。」

可惜許多父母都太著急了，包括帶孩子進入大自然時，都太急著想讓孩子「學點什麼東西」，因此不斷灌輸各種動植物或昆蟲的名稱，要孩子當作生物課一般記筆記，這種「功利」的態度，反而會讓孩子失去興趣與主動探索的熱情。

父母的角色最好只是陪伴，只是傾聽，最積極的作為頂多是鼓勵與引導。父母或老師陪伴孩子作自然觀察，最好在自己住家附近或校園裡，選擇一塊目標區，不限大小，以隨興、輕鬆的態度，對目標區因四季的自然變化、人為干擾……等，定期作觀察記錄。而且不僅是觀察生物，也要記錄觀察者本身，除了事實描述外，最好也記錄觀察者與其相對應的心情。

因此，它不會是一份科學紀錄，也不全然是個人日記，在這二者之間，它有著很多可能的面貌，因此題材內容常因人而異。

當然也可以堅守純然客觀的態度，保持絕對的理性，不過，我們鼓勵孩子將自己化身為觀察目標，融入自然。另外，必須提醒孩子，當踏入草叢裡，抓一隻小蟲，摘一朵小花，雖看似無關緊要，也要不時自問：有必要嗎？

記住！我們面對的是有「生命」的個體，當我們介入得越多，所產生的干擾也越多。

找到觀察點之後，比如是一座小公園，你可以從畫公園平面圖開始，畫下哪一區有幾棵樹、哪一區裡有幾叢花、哪裡是路徑、哪裡有椅子……等，然後帶著圖鑑來對照，認識園裡的一草一木，在辨識過程中，也順便記錄此地出現的動物。

等資料收集得差不多了，就進入第二步——聚焦的角度。若是觀察植物，可注意它何時開花、何時結果與果實落地後的發

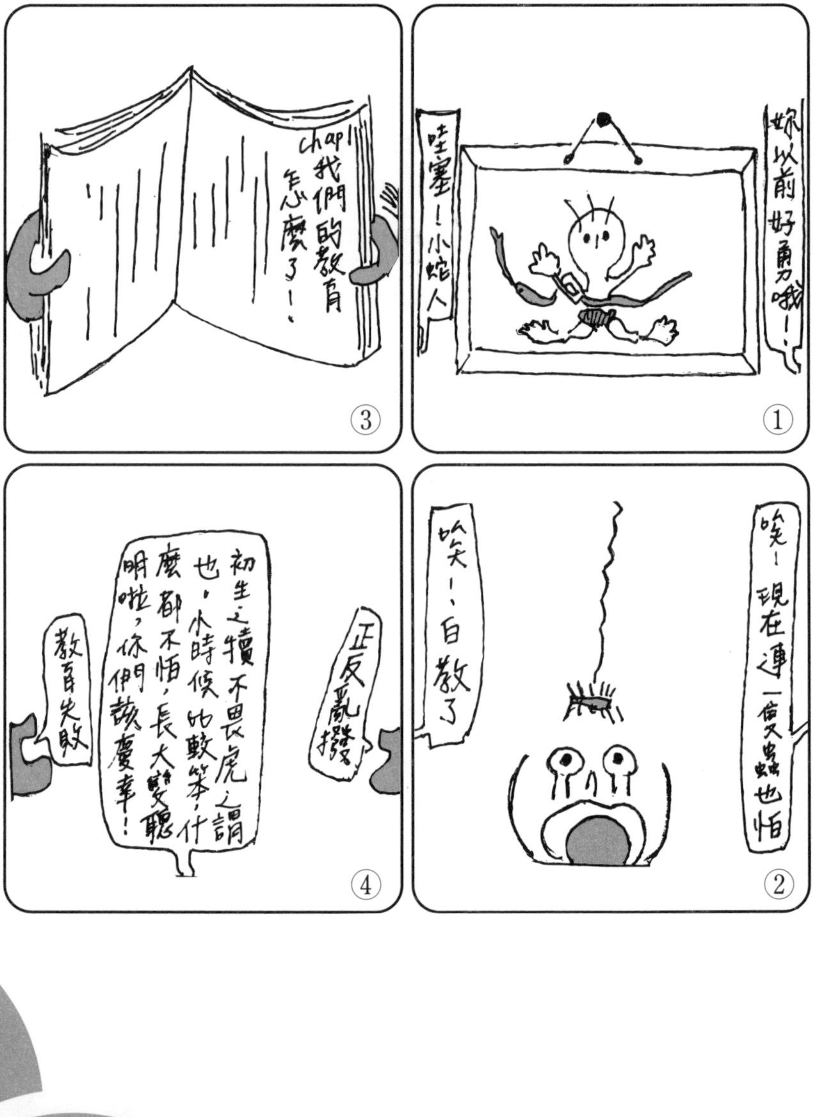
妳以前好勇哦!
哇塞!小蛇人
唉!現在連一隻蟲也怕
唉!、白教了
chap1 我們的教育怎麼了!
初生之犢不畏虎之謂也，小時候比較笨，什麼都不怕，長大變聰明啦，你們該慶幸!!
正反亂撥
教育失敗

展，以及哪些動物常來拜訪……等；若是觀察動物，可記錄是什麼動物、數量多少、什麼時間、在哪裡出現、做些什麼，不要忘了，人也是動物的一種，觀察他們的行為是很有趣的事。

累積一段時間之後，就可以進入第三步驟——連結的角度，觀察目標本身和其他生物間的關係，注意他們之間如何互動，譬如：白頭翁是什麼時間出現？有沒有其他鳥類同時出現或是飛走？牠跟蝴蝶出現的數目有沒有關係？

觀察的方式因人因地而異。觀察的時間與長度、頻率，還有以上三個步驟各為多久，這都要自己去摸索，找出最適合自己的方式，最重要的是要保持活潑的心情，而不要把這項活動當作一項不得不做的功課。

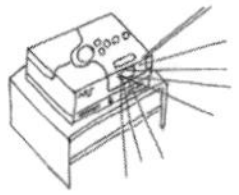

B寶

雖然花草樹木、蟲魚鳥獸沒認得幾個，雖然看到從樹上吊掛垂降下來的毛毛怪（我和姊姊對一種黑底白毛的粗肥毛毛蟲的暱稱）還是會驚嚇快閃，但我還是很愛大自然的。謝謝爸媽讓我從小參加「炫蜂團」，溯溪、浮潛、登百嶽……，每次都玩得很瘋的團集會，看似只是在玩，實際上都暗暗撩撥起身為都市人的我們漸漸忘卻的對自然的尊敬與謙卑。

如果要讓小孩子不沉迷於現代科技、虛擬世界，那就從小把他帶到大自然裡。他一定會發現，比起打打殺殺、撞牆、game over還可以start again的電玩，上山下海在急流裡溜天然滑水道、在深潭花式跳水、在山壁邊四肢並用艱難前行，這些真正的探險冒險更有挑戰性也更刺激。

大自然是百看不厭、永不落幕的電影，帶給我的感動永遠不會退燒，不像youtube、臉書瘋傳的影片訊息看三遍以上就不再覺得新奇。大自然教會我「時時都有精彩在上演，問題在於我有沒有用心去發掘」。小孩子會沉溺於電腦動漫，許多時候無非是因為無事可做，只好撿這些身邊現有的、不用花腦力又可得到短暫刺激快感的娛樂。若是帶孩子到自然裡，帶領孩子學習如何透過仔細觀察，找到生物奧妙的有趣行徑，他學習到的將不只是自然知識，更是人生態度。

家長若能從小就陪伴孩子一起探索自然，孩子應該很容易就愛上大自然。若是已經進入國中、高中，想讓孩子接近大自然就有點難度，因為孩子已有自己的生活模式和偏好，此時可以找一群跟孩子年齡相仿的朋友一起同行，孩子會比較願意，也會覺得比較有趣。

教養，就趁現在

1. 想要培養孩子的想像力、創造力及探索世界的好奇心，可以從引導孩子接近大自然著手。
2. 帶領孩子進入大自然時，不要急著讓孩子「學點什麼東西」。
3. 自然觀察可依畫平面圖、先聚焦觀察、再連結觀察等三步驟循序漸進。
4. 小孩子會沉溺於電腦動漫常是因為無事可做，若帶孩子到自然裡，帶領他們透過觀察找到生物的奧妙，他們將不只學習到自然知識，還有人生態度。

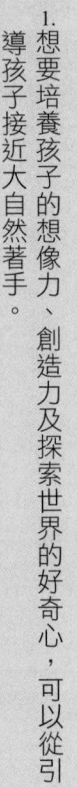

學習可以是沒有壓力而快樂的嗎？

偉文爸爸

ＡＢ寶讀高中時，我最期待的事，就是她們趕快考完大考，恢復「正常」的生活。

她們在考前六個月前開始「閉關」，也就是除了讀與考試有關的書之外，不再做其他不相干的活動。因為暑假前，她們在好朋友的勸說之下，去了補習班試聽，結果一去大驚失色，發現別人已補習好多年，考古題、測驗卷反覆做過無數次，不像她們一直到高二結束，還在「正常又快樂」的學習，所以，若以對考試內容的熟練度來說，已差別人一大截。

其實這些年來，生活中一有機會，我就會用各種實例提醒她們讀什麼大學都好，最重要的是自己的學習態度與動機。我知道她們應該明白也相信我們所說的，但是看到周邊的同學朋友都那麼認真，也難免緊張起來。我有點心疼孩子的壓力，但是也明白，近年全球化高度競爭下，我們不太可能自外於世界，雖然行行出狀元，但是行行競爭也都很劇烈啊！

二十年教改至今，在議論紛紛中，總算十二年國教即將上路，現在正如火如荼在研修「十二年國民基本教育課程綱要總綱」，從九年國教的課綱，要統整銜接成十二年國教的課綱，去年起我也意外被邀請為研修委員。

基本上，在眾多教育領域的專家參與下，或者說在眾多不同力量的拔河中，十二年國教課綱總綱應該是四平八穩的，標舉出的目標當然也是無可挑剔，但是課綱中看不到的考試與入學方式，或許才是家長或社會大眾所關心的。

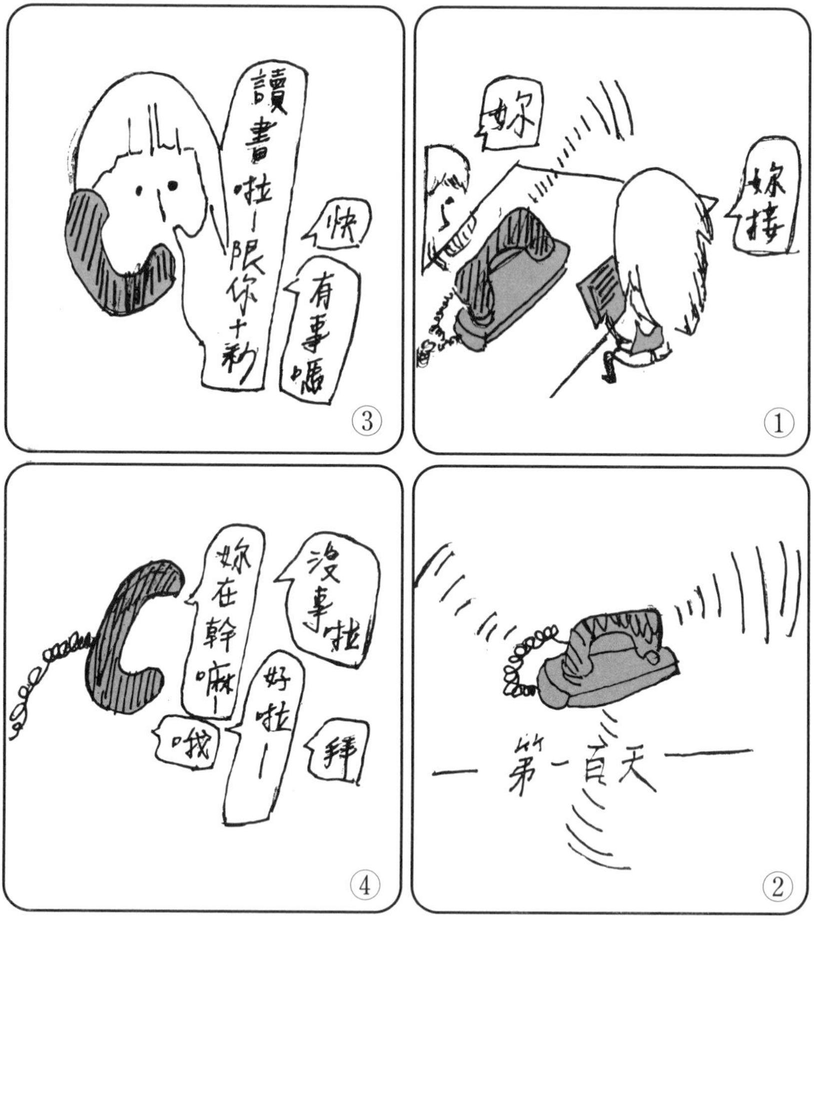
妳接
妳
第一百天
快
有事嗎
讀書啦！限你十秒
妳在幹嘛！
沒事啦
好啦！
哦
拜

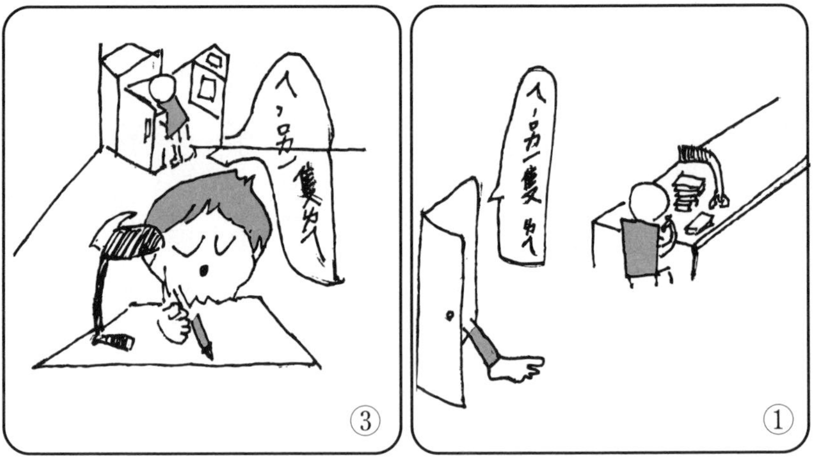
ㄟ，另一隻ㄅㄟ
ㄟ，另一隻ㄅㄟ
ㄟ，另一隻ㄅㄟ
倒數十天
講幾百遍了!
她今天上
ㄟ……
必勝

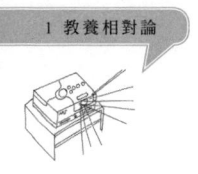

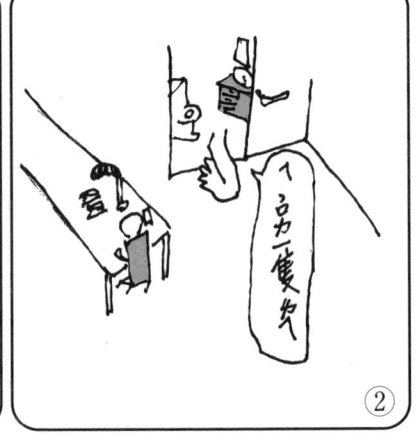

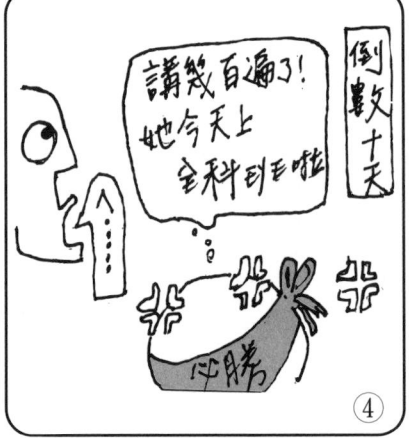

我倒是很訝異地在《遠見雜誌》看到一篇前台大教授巫和懋的專訪，訝異的原因是他居然敢講「政治不正確」的話，當然我也知道他敢講得這麼白，是因為他已被北京大學重金挖角去擔任講座教授，已離開台灣的教育界或學術界，在一個更大更有影響力的舞台發光發熱。

當年，他算是台大最頂尖的教授之一，是指標性人物，被挖角時也引起很廣泛的討論。

以下我直接引用巫教授在專訪中所講的話：

「近二十年來的教改，最重要的方向是『為快樂學習而大力減少升學壓力』，但學習沒有競爭與壓力，孩子念到大學畢業，還是馬上要面臨全球勞動市場的殘酷競爭啊！在毫無準備的情況下迎接競爭，怎麼可能拚得過人家？薪水又怎可能好得起來？

「『快樂學習』和『追求卓越』本身是有衝突的，但馬上要實施的『十二年國教』還是走快樂教改的路，而且統統常態分班。結果就是消滅菁英、消滅明星學校，沒有了建中、北一女等明星

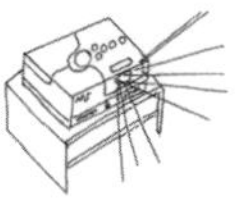

學校，未來連台清交這些好學校都會因招不到好學生而被消滅！試問，沒有明星學校，怎麼培育菁英人才？又如何提升高教素質？

「我建議，要培育人才必須恢復鼓勵菁英制，允許明星學校提高自主招生比例，不要限制太多，才能有效集中資源培育人才。」

這一段話是不是非常政治不正確？是不是很刺耳？

不過，我又想起李家同教授曾講的：「現在要快樂學習，以後會變得不快樂！」

若問我的意見，對於整個教育制度或是否鼓勵所謂的菁英教育，我也想不出適用於大多數人，或符合台灣目前社會氛圍的好方法或好制度，但是，對於個別的孩子或家長來說，我覺得答案倒是比較簡單——重點不在於快不快樂，而是孩子的動機。當一個人有動機，再辛苦也能承擔，甚至當一個人做自己喜歡做的事情時，花再多時間、流下再多汗水都樂在其中，旁人眼中的折磨對他來說都是享受。

因此，想辦法找到孩子的興趣，引發孩子的動機，激發孩子的學習欲望，才是父母師長應該努力的方向，而不是一廂情願的以減輕孩子的壓力為目標，追求所謂的快樂學習。

B寶

從小學就看到同學們放學後甚至寒暑假都泡在安親班，中學時週一至週五和假日幾乎天天都要補習，每天從一處冷冰冰閃著白熾燈的補習教室到下一處同樣沒有生氣的小方格裡，大部分的學生雖不抱怨，卻也不甘願過著反覆規律化的填鴨生活。我不反對補習，國中、高中也依照自己的學習狀況選擇特定科目補習，但許多人是不知道原因，一味地隨著人群去搶去擠熱門補習班。如此不只浪費時間、金錢、寶貴的童年與青春歲月，更在補習潮中磨滅了熱情、喪失了學習動機。

我和姊姊也常常疑惑，為何有時要讀某些看似未來不會用到的知識？但隨著閱讀更多書籍雜誌、聆聽演講，發現其實擁有越多不同領域的背景知識是一種樂趣。每次只要在紀錄片、科學或歷史主題電影中看到自己曾經學過的知識，就會很興奮、很有成就感，這就是我發掘學習動機的方式。

「快樂學習」只要不解釋為「減輕升學壓力」，而改為「挑戰學習、創造成就感」，我認為反而能和「真正的快樂學習」相輔相成。如同有人說：「最困難的工作就是沒有工作，因為這個工作沒有做完的一天！」倘若沒有壓力，也就少了征服壓力和困難帶來的快樂。

有時候即使再認真還是考不及格，而隔壁同學似乎和我一樣努力，成績卻快接近滿分，心中難免沮喪，但我仍繼續快樂認真學習，因為我知道我不是短視地只為了當下的分數，而是抱持更寬廣的心態，為了讓生命更精彩而學習。

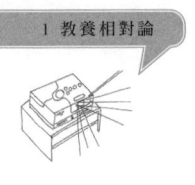

教養，就趁現在

1. 想辦法找到孩子的興趣，激發孩子的學習欲望，才是父母師長該努力的方向，而不是以減輕孩子的壓力為目標。

2. 當一個人做自己喜歡做的事情時，花再多時間、流再多汗都樂在其中，旁人眼中的折磨對他來説都是享受。

3. 「快樂學習」並不是「減輕升學壓力」，而應視為「挑戰學習、創造成就感」，如此反而能「真正地快樂學習」。

4. 分數，絕對不是學習的主要動機。

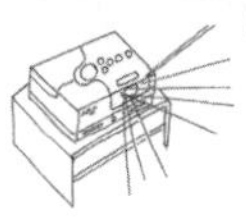

如何在娛樂活動中達到教養目的？

偉文爸爸

AB寶讀中學時，有一年我趁著暑假結束前，帶她們到戲院欣賞電影《波西傑克森》，記得當初小說剛出版時，她們著迷得不得了，看完一本就盼望著下一本趕快出版，甚至因為等不及大結局的中文版，央求我買英文原書讓她們先睹為快呢！

走出戲院後，我們在巷弄裡找了一家小麵店吃晚餐，一邊討論電影。我問道：「妳們覺得電影好看，還是小說好看？」姊姊A寶搶著回答：「當然是小說好看，內容豐富多了，有許多細節電影根本就沒拍到嘛！」

我看向B寶，她講得比較保守：「電影拍得很熱鬧，特效也非常逼真，假如我們沒有看過原著小說，也一定會覺得電影非常精彩吧！」

我跟著追問：「妳們說說看，電影跟小說有哪些地方一樣？哪些不一樣？」

A寶依舊搶著回答：「表現的方法不一樣，一個是用文字，一個用影像。」我點點頭：「這個答案太簡單了，妳倒說說看，小說和電影有什麼相同的地方？」

A寶想了一下才回答：「都是在講故事？」

我補充：「沒錯，不管是小說或電影，都是透過虛構或改寫的故事來表達人們的共同經驗或生命樣貌，就跟其他藝術創作一樣，雖然是假的，卻可以呈現出人生的真理。」我停了一下，繼續追問：「電影跟小說還有不同的地方嗎？」

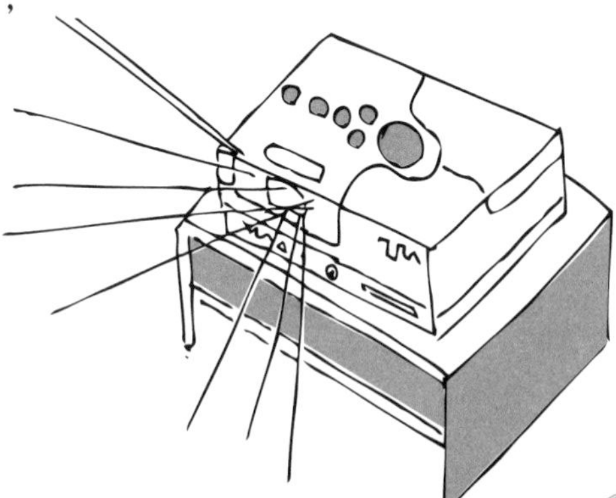

B寶慢條斯理地說：「看小說的時候可以隨時停下來，但是看電影必須一氣呵成，不能停頓，也不太能分心。」

我點頭讚美：「不錯，看小說可以依據自己喜歡或理解的速度來看，而且邊看可以邊思考，邊看可以邊想像。電影就沒辦法了，通常會被銀幕上的影像牽引著，我們只能追著快速變動的畫面看，腦袋沒辦法同時天馬行空地亂想。而且曾經有人分析，影像是空間的呈現，所以通常是從某一點到另外一點，至於小說則是以情節事件，透過時間推移來表現出空間的概念。」

我停頓一下讓她們思索，接著又問：「用小說與電影來講一個故事，各有哪些優點或缺點？」

這次B寶先回答了：「我喜歡看小說，因為小說可以包含比較多的細節。」

A寶也附議：「我也是，從以前的世界名著到最近的一些暢銷小說，我覺得小說精彩多了！」

我搖搖頭說：「這可不一定喔，因為這兩者從形式到表現手法都不同，所以各有他們的擅長之處，比如說，有時候小說長篇大論的敘述或描寫景色，或許用影片的一、兩個鏡頭就可以交代清楚，另外像是科幻或科學技術，或者是造形結構，用文字說明這些知識或細節往往事倍功半，若用影像來表現就能一目了然。而且有些類型的故事，比如偵探推理，影片可以利用燈光或配樂等鋪陳出緊張懸疑的氛圍，會比小說精彩多了！」

我頓了一下，繼續說：「不過，若要表現人物的抽象情感或內心世界的各種徬徨掙扎，影像往往就不如文字來得深刻，這也是妳們喜歡的文學作品改編成影片後，總會覺得電影內容浮泛淺薄的原因。」

最後我下結論：「閱讀文字對大多數人來說比較困難，相反的，影像的吸引力是先天的，甚至是一種本能的反應，所以有人說，影像是一種大眾的媒介，這也是現代人往往習慣看影像，而不太願意耗神去推敲文字的含意與隱喻的原因吧！不過，文字可以傳遞許多抽象的思維，可以承載最多的想像與內容。總之，影

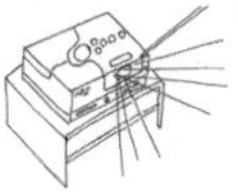

像與文字這兩種呈現都有其長處與短處，若能相輔相成，可以協助我們更完整且有效的探索這個世界。」

B寶

我們家有許多「神聖時光」。「神聖」是因為一定要全家總動員，而且是每週例行公事，大家都有默契有共識一定要空出這段時間給彼此，甚至只要不做就會覺得哪裡怪怪的。動態的闔家活動是爬山，靜態則是在家裡「看電影」。但是，我們家「看電影」可能和大家想像中的不一樣，我們很少上電影院，一方面覺得太花時間精力，一方面也不是很愛看大製作、大卡司、充滿聲光刺激、特技音效超多的院線片。爸爸會挑一些有意義的紀錄片、經典老片、充滿名言佳句與正向力量的日劇，有意無意地偷偷利用電影中的對白和故事，告訴我們他不想直接對我們說的話。因為一旦只用教條說理，我們一定懶得理他，而欣賞好看的電影，何樂不為呢？

拉下落地窗的簾幕，熄燈，當投影機的黃光投射在白色大牆上，就是一場奇幻之旅的開端，雖然我們都曉得，這也是「家庭教育」的上課鐘聲。要怎麼讓我們知道自己有多幸福？要怎麼讓我們不用出國也能掌握遠方國度發生的問題？爸媽找來《美麗天堂》讓我們瞭解以巴衝突，找來《盧安達飯店》和我們討論種族問題，用《美麗人生》來告訴我們如何反向思考，還有透過姊姊最愛的《春風化雨》、《第56號教室的奇蹟》、《謝謹》、《在深夜加油站遇見蘇格拉底》、《街頭日記》幫我們找來好多好多「家教老師」，教我們各種人生的課題，例如：如何做自己、永遠活在當下、活在現實還是追尋夢想。

看電影吧！而且要全家一起看電影。透過電影營造出的神祕氛圍，家長能跟小孩子輕鬆討論比較嚴肅的議題，我喜歡也期待我們家的「神聖時光」。

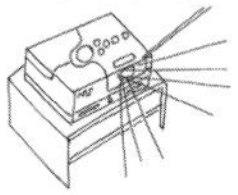

教養，就趁現在

1. 營造家裡的「神聖時光」，有助於維繫家人的情感。
2. 若孩子對於文字的接受度較低，不妨從影像著手，帶領孩子思考。
3. 父母可以利用電影中的對白和故事來取代說教，寓教於樂，孩子的接受度更高喔！

學習、遊戲和日常生活可以兼顧嗎？

偉文爸爸

近年來，每個家長都深深感受到全球化競爭所帶來的生存壓力，在焦慮之餘就會非常害怕孩子輸給別人，為了贏在起跑點，往往將還在學齡前的孩子送去幼稚園學語文、學寫字，讓原本應該自由自在玩耍的孩子坐在教室裡上課。

其實以孩子的成長過程、大腦的發育歷程而言，孩子必須透過感官、肢體的碰觸來認識這個世界，這也是嬰幼兒喜歡到處摸，甚至將一切可以拿到手的東西塞進嘴巴咬咬看，透過這些方法來認識各種物體的原因。

換句話說，孩子必須以具體的感官經驗及直接的操作來建構抽象概念，因此，玩耍、自由自在地用各種方式接觸這個世界，就是孩子成長與學習最重要的一件事情了。

其實孩子的學習、遊戲與日常生活是能合而為一的，家長或老師可以和孩子一起玩會運用到視覺、聽覺等感官的遊戲，在快樂的氛圍當中，提升孩子的專注力。

專注力對孩子一輩子的學習非常重要，也是當代孩子最欠缺的，因為現在的電子媒體及線上遊戲以快速閃動的方式呈現，讓孩子的心無法定下來，也就談不上有任何專注力，而且孩子缺乏在真實世界玩耍的經驗，恐怕也是造成許多情緒障礙的重要因素。

有許多研究顯示，與外在真實世界互動對孩子的正常發展非常重要，孩子需要有豐富互動的感官環境去看、聽、聞、觸摸，才能讓他們的大腦與心智健全發展。

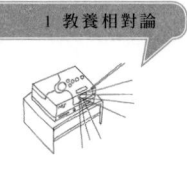

今日兒童面臨的最大問題就是不活動，我們一定要提醒自己，離開沙發，真正陪伴著孩子一起玩耍吧！

B寶

現在的小孩子越來越不懂得「玩」了！小孩子不是理當擁有大人漸漸喪失的天賦——永遠能夠找到好玩的事情做嗎？但現在，只有現成的智慧型手機上手、新奇的App推陳出新、電腦遊戲連線，才會突然讓死寂的氣氛一下變high，這能叫作玩嗎？有人覺得「玩」非常有教育意義，可以活化大腦、引發創造力、讓孩子充滿熱忱、培養動機、找到生命方向……，但我認為首先必須很清楚劃分「玩」的範圍，不然，大部分的爸媽怎麼敢放心讓孩子去「玩」呢？

需要借助科技產品的遊戲，若勉為其難稱為玩的話，只能歸類為小玩；真正的大玩應該是和真實世界接觸、由自己內心創造出趣味的事情。小時候回到家，我都是背包一丟就衝去家門口的小空地，一玩就是玩到天黑，當鄰居弟弟被叫回家吃晚餐，才不情願地回家。踢罐子、鬼抓人、紅綠燈、溜直排輪、打羽毛球、玩躲避球、扯鈴、探險……，一個羽球場大的柏油空地有很多限制，常常撿球找球就耗上許多時間精力，但憑想像創造出的樂趣無窮，即使球飛到鄰居家，或卡在水溝、樹梢、屋頂上，也都充滿笑點。

謝謝爸媽沒有用各種補習、才藝、家教……把我們的童年塞滿滿，每天兩、三個小時「無所事事、不事生產」，卻讓我學到生命中最重要的事情——如何好好玩！

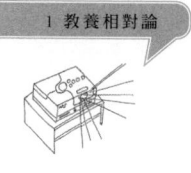

教養，就趁現在

1. 玩耍、自由自在地用各種方式接觸世界，是孩子成長與學習最重要的一件事。
2. 孩子需要有豐富互動的感官環境去看、聽、聞、觸摸，才能讓大腦與心智健全發展。
3. 「玩」極具教育意義，可以活化大腦、引發創造力、讓孩子充滿熱忱、培養動機、找到生命方向……等。
4. 不要總是塞滿孩子的時間，每天要留點時間讓孩子好好去「玩」。

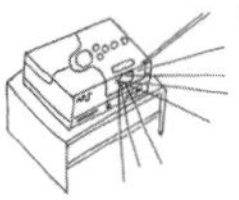

今天有什麼好玩的？

偉文爸爸

孩子上了小學高年級以後，我每天下班回家見到她們，第一句話一定是詢問：「今天有什麼好玩的？」然後就輪流分享一些今天發生的趣事。

因為我知道一進入青春期，孩子開始會有許多剪不斷理不清的煩惱，若將這些負面情緒加上逐漸加重的功課壓力一併帶回家，對身心健康及學習效果不好；另一方面，我也藉著這個問題提醒自己，將白天所遭遇的種種事情逐一過濾，轉化成正面且值得記憶的故事。

這種打招呼的方式已變成我與女兒間的一種儀式，養成了我們即便經過一整天的辛苦與忙碌，回家之前也要把所有不愉快的情緒留在門外的習慣，讓全家人共處的時光都充滿快樂溫暖。久而久之，這也讓孩子養成正面積極看待事情的態度，不會變成憤世嫉俗、只會埋怨的憤青。

另外，在她們上床就寢時，我也會溜進她們的房間，擠到她們的床上，跟她們聊個十多分鐘，這時候我們談的主題通常是今天新學到的知識或訊息，因為我也想藉此讓她們養成一個習慣，能夠自覺地回顧今天的見聞，檢視有沒有虛耗掉大好的光陰。

我總覺得身為父母能留給孩子最好的禮物不是有形的財產或物質享受，而是良好的生活習慣與價值觀，這些無形的禮物除了來自於以身作則之外，也得藉助生活中點點滴滴的互動來培養。

或許是因為我與孩子相處的每個時刻都是在聊天，除了評論所思所學之外，更多的是心理感受，所以雖然我工作或社團的事務很繁忙，其實與孩子共處的時間非常有限，但是孩子仍願意跟我們分享她們生活中的大小事，大概就是來自於我們家這兩個習慣吧！

我知道許多父母也很想跟青春期的孩子有良性互動，但是一方面孩子根本不想理大人，同時父母也找不到話題，即便大家都在家，依然是看電視或各人做各人的事。

我們家沒有電視機，但是會挑選適合的影片，用投影機、大銀幕在類似電影院的氛圍下，全家人一起專注觀賞，然後趁著被感動、心最柔軟的時刻，分享彼此的感想，這是拉近親子心靈距離的好機會。

要注意的是，父母不要趁機教訓孩子，那些充滿道德八股教條的話語，正是孩子受不了父母的主要原因。

我常覺得跟青春期的孩子相處，父母師長一定要誠懇。所謂誠懇就是不要說一些自己也不相信的話，比如說，我們常常理所當然地鼓勵孩子：「好好用功就可以考得好成績。」「你對別人好，別人就會對你好。」可是，這些不全然是事實，因為在真實世界裡，我們也許很認真卻考不好，很努力卻沒被看到，或很倒楣地遇見對我們懷有惡意的人。

當父母願意承認這世上的確存有不公不義的事情，同時誠懇地向孩子表露自己也會有困惑、徬徨的時刻，孩子才有可能把我們當作同一國的人，親子才可能一起討論：「面對這種情境，我們可以怎麼做？」

當孩子不願意把心裡的煩惱對大人述說時，我們當然就無法適時協助孩子，也無法與孩子建立親密的關係。

或許，重建家庭氣氛，可以從每天分享「今天有什麼好玩的？」開始。

A寶

電影《小孩不笨》裡的爸爸下班回家跟小孩的對話都千篇一律：「你吃飯了沒？你吃飽了沒？你功課做完了沒？」這三個問題巧妙反映出親子之間最頻繁的「話題」與「問題」。隨著我們漸漸長大，與父母間的「代溝」也愈來愈深。父母不太知道要怎麼開展親子話題，我們常常忙著讀書，補習回到家都已經很晚了，沒有力氣鉅細靡遺地解釋在學校發生的大小事，和父母的對話內容不外乎是要生活費和打招呼。

高中好友們不只一次無奈地跟我們說：「我跟我爸不熟，不知道要聊什麼！」「每次跟我爸獨處一室，我就會尷尬得不知道要講什麼。」這時，我會推薦他們我家親子溝通的祕方——問彼此「今天有什麼好玩的？」

晚上一回到家，爸爸媽媽看到我們的第一件事就是笑盈盈地問：「妳今天有發生什麼好玩的事嗎？」面對爸媽別具心裁的「招呼」，國中時我們比較配合也比較閒，會努力回想一天當中發生的趣事，並嘰哩呱拉地講一堆；高中時就會小小不耐煩，尤其是準備學測的那段日子，我們總無奈地說：「一整天都沒什麼好玩的啊！就一直考試一直考試！」因而反問爸媽：「那你們上班有發生什麼好玩的事嗎？」話題因此展開，爸媽通常有滿肚子的話想說。聽爸媽在工作上發生的故事，有助於我們提早認識職場生活、複雜奇妙的人際關係，也能讓我們更體會爸媽的辛苦。每天不到十五分鐘的短短對話，卻是當時枯燥乏味的生活中最期待的事之一！

父母可以把「你吃飯了沒？你吃飽了沒？你功課做完了沒？」等瑣碎的問題轉換成「今天有什麼好玩的？」當然，在問小孩的同時，爸媽也要準備一些故事，彼此分享，這樣我們才不會有「被拷問」的感覺，才能達到雙贏！

教養，就趁現在

1. 每天用「今天有什麼好玩的？」開啟話題，能讓全家人共處的時光充滿快樂溫暖，也能讓孩子養成正面看待事情的態度。
2. 當父母願意承認世上存有不公不義的事情，同時向孩子表露自己也有困惑、徬徨的時刻，孩子才可能把父母當作同一國的人。
3. 關心孩子時，爸媽也要分享自己的故事，這樣孩子才不會有「被拷問」的感覺。

浩瀚的網路世界對學習有幫助嗎？

偉文爸爸

現代人早上一起床到晚上睡覺為止，醒著的時間幾乎無時無刻都被無所不在的資訊包圍，除了原先的電視、廣播、網路到智慧型手機，現在家長的教養難題已不是害怕孩子資訊不足，而是如何協助他們不被媒體左右了心智，並且在紛亂的資料當中，獲得真正有用的訊息。

尤其對年輕人而言，近幾年網路新聞早已取代傳統媒體，以前媒體的記者與編輯負責生產與管理訊息，除了是傳播者也是守

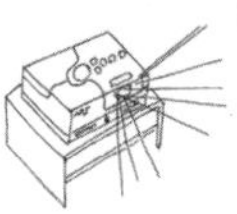

門員，但是，來到人人可以發聲的時代，網路上充斥各種來歷不明且未經查核的訊息，甚至很難追溯來源，再加上網路的散播效果太快太廣，後果往往超出任何人的掌握，所以，協助孩子使用網路，建立正確的習慣與培養分辨的能力，是當今最迫切擁有的素養。

再者，這是個複雜的世界，幾乎所有事情都沒有簡單或終極的解答，偏偏現今從網路到傳統媒體的報導都朝向輕薄短小，所以不可避免的資訊會片面化且零碎化，現代人已沒有時間也沒有能力去瞭解事情為什麼會這樣、前因後果是如何、對我們會有哪些影響等問題。

當然，在這紛雜的世界，任何人要釐清許多議題的來龍去脈確實很不容易，但是，與其浪費時間耗在如同垃圾般瑣碎又片斷的訊息，不如好好的廣泛閱讀，建立背景知識，並且仔細將自己關心的議題徹底搞清楚。

甚至我可以很武斷地講，當一個人沒有豐富的知識，尚未建

①
嗨!
我們買台智慧型手機吧!
②
不用想!你從不開機的
浪費
別傻了
浪費$
你敢!
會被騙
NO
絕不!
不准
③
ATC
④
ATC
ㄜ……那,我先

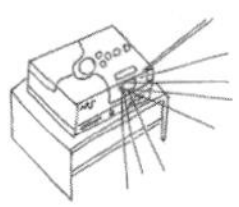

立分析與判斷的能力，是沒有資格使用網路的，能力的養成必須先從閱讀一本一本完整的書開始。

不過，的確有很多家長跟我反映，家裡讀中學的孩子整天掛在網路上，勸他們多看點書不要沉迷於電腦，結果常常被孩子反駁：「我在網路上搜尋閱讀的資料也像是書啊！甚至比書的訊息更新、更即時呢！」

網路上的資料與印刷出來的書到底一樣不一樣？

我想，首先得先區別什麼是書，不管是用紙印刷，或刻在竹簡上、書寫在羊皮上，抑或是電子書，只要經過編輯處理過正式發行的書，都算是書，與網路搜尋到的資料是不同的。

不管用什麼媒介，只要是經過處理的書都有成本，除了作者殫精竭慮的寫作之外，還經過層層的編輯篩選與討論、校正修訂，才會出版發行，基本上是有架構、有層次、有想法與目標的，即便是百科全書，只要經過編輯處理，都會有獨特的觀點與架構。

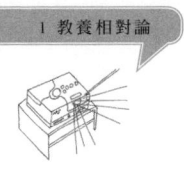

當我們要學習一門新學問、一個新領域時，必須先找到幾本相關的經典書籍，仔仔細細從頭讀到尾，在腦中建立起完整的輪廓，這種輪廓也可以稱作知識的基本架構。有了這樣整體的認識之後，後續找到的許多資料與瑣碎的細節才能適當地安放在那個架構裡，也才能形成有意義的認知與記憶。

沒有對那個領域的整體瞭解，在網路上搜尋到的無窮無盡的資料不僅沒有幫助，甚至是有害的，會使我們淹沒在資訊的大海中。許多在大學任教的朋友感慨，現在學生的報告內容似乎非常豐富，旁徵博引找了許多資料，卻抓不住重點，結論也非常模糊，甚至搞不清楚作業的問題到底是要他們回答什麼。

換句話說，如果沒有自己的觀點，也不清楚問題的來龍去脈、前因後果，即便花了一大堆時間在網路上漫遊、剪剪貼貼，其實還是無法形成真正的收穫與認知。

當然，網路搜尋還是有好處的。

當我們很明確知道想找什麼資料時，網路搜尋的幫助最大。

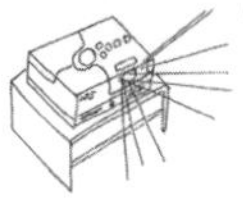

以前可能要耗費數週埋在圖書館與積滿灰塵的古老文獻或期刊奮鬥，現在可以舒舒服服且很省時地透過各種網路資料庫找到答案。但是，別忘了前提是——我們知道要找什麼，知道該提出什麼問題，若對一門知識沒有徹底瞭解，很難提出有意義的好問題。

真正要透過網路做學問，需要高階的訓練（與利用網路購物或查人氣餐廳這種低階的使用需求完全不同），這些訓練必須從閱讀一本又一本的書本來建立，沒有捷徑可走，所以，家長一定要想辦法說服孩子，並且陪著他們一起讀一本本的書。

A寶

記得在大學傳播學院的入學面試上，教授盯著我在自傳中的敘述：「我在一個沒有電視的環境下長大……」看了好久，也問了一連串有趣的問題，像是「妳家沒電視，妳知道我們有廣電系吧？那妳爸媽怎麼會同意妳來念？」「妳沒看電視，不就沒有媒體識讀能力嗎？」當時，我心裡震了一下，暗罵自己疏忽。

其實，我很感謝爸媽在我的求學階段裡塑造了一個沒有「電訊設備」的成長環境。我們家沒有電視，只有一張大書桌，放學回家、運動完只能坐在大桌子前寫功課、看課外書。小學三年級時，家裡出現了電腦，並擺在客廳的公共空間。我們使用電腦時，爸媽常「不經意」地關切，所以，我們不太會拿電腦來做所謂「浪費生命的事」，迅速用完電腦，就回到大桌子上閱讀了。久而久之，我們就養成了把電腦做為一種工具的習慣。

還記得國中 msn 風靡的時代，我每天回家最期待的事就是和固定的四個死黨用 msn 聊天。明明在學校已經膩在一起一整天了，回家仍要用 msn 繼續聊。爸媽看到我漸漸迷上 msn，耗時在無謂的聊天，並沒有立刻採取攻勢——限制我的電腦時間，而是跟我們討論 msn 的功能、它的利與弊、如何正確使用它等。其實小孩也是很聰明的，當爸媽跟我們討論這些時，我早就知道他們心中盤算的是希望經過這一番勸誡，能讓我們瞭解這個階段不

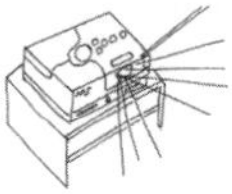

適合常掛在msn。說真的，小孩對這種事會有點反感的！不過，經過討論（幫孩子找台階下），比直接限制與命令容易接受。因為爸媽的開明，我開始反省自己使用msn的行為，也就漸漸離線了。

網路、智慧型手機、3C產品，對有心學習者來說都是很好的輔助工具，也有愈來愈多優良的免費網站，但是，小學生、國中生（甚至是高中生）可能都還沒有歸納與分析龐大資訊的能力，很容易被誤導而迷失其中。很感謝爸媽引導我們培養出閱讀習慣，讓我們透過閱讀與討論，增進分析判斷能力，也慢慢擁有媒體識讀能力。

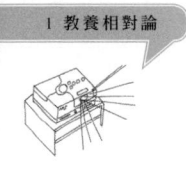

教養，就趁現在

1. 協助孩子正確使用網路等工具，而非放任他們隨意使用。
2. 先培養讀書的習慣與能力，才能談網路的搜尋閱讀。
3. 欲限制孩子使用網路、電腦、智慧型手機，應先與孩子溝通，分析利弊得失，不要直接命令與限制。

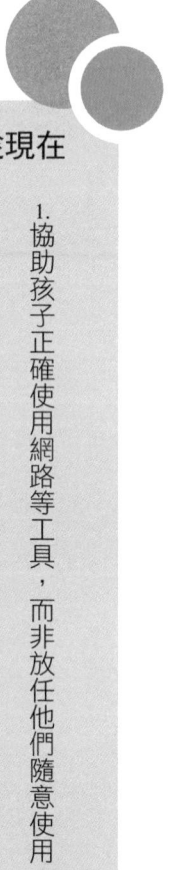

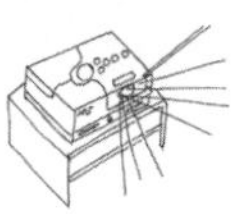

什麼能力是孩子在未來競爭中所必須具備的？

偉文爸爸

許多研究報告都指出：「性格好、人緣佳的孩子，成功機率遠大於只有成績好的孩子。」

大家都知道我們現在身處全球化時代，競爭愈來愈激烈，稍微好一點、有價值一點的工作，都必須跟來自全世界的人競爭，於是，有人就誤以為要讓自己變得很強悍、很冷酷，才有機會贏過別人，取得優勝。

其實剛好相反，就因為高度競爭，你擁有的知識別人也有，你有的技能別人搞不好更厲害，而且在這高度互動與透明化的時代，一個人的一言一行隨時會被檢驗、被傳播，未來的競爭優勢除了每個人都有的技能知識之外，最重要的反而是品格，也就是誠實、公平、負責任、關懷與尊重別人等素養。

而且在全世界高等教育人才大量膨脹下，擁有亮麗學歷與證照的人已經滿街都是。有好學歷就可以獲得好工作做到退休這樣的時代早已過去，未來勢必是一個以專案工作為主的社會，也就是這三個月與一群人合作完成某個案子後就解散，下半年又得跟一批不認識的人共同完成另一項任務。

即使在同一家大公司工作，我想，跟同一群人、每年做一樣的事情做到退休，這樣的時代大概也一去不復返了。

我們必須與周遭有利害關係的人找到適當相處的位置，並且站在不同立場，找出整合各方利益的最大公約數，這才是未來生存最重要的技能。

簡單而言，擁有好品格就是清楚自己是什麼樣的人，還有該

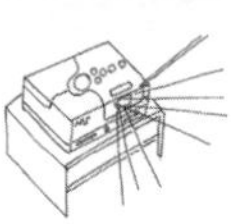

怎麼做事。

品格的內涵分為追求卓越的成就品格，也就是自信、好奇、勤勞、挫折容忍度；另一個是與別人相處的適當關係，也就是一般說的道德品格，包括了誠實、合作、謙虛、同理心等素養。

我們要很清楚地理解到，每個人的言行隨時都在與別人產生互動，也都會對社會產生影響，因此，品格教育就是一種「選擇」，知道我們為什麼要這麼做，為什麼不要那麼做，並且為每個選擇負責。

曾有一份問卷調查企業家：「怎麼樣的人能成功？」答案是：「不是最聰明、但能夠與別人合作並解決團隊問題的人，這些人通常是敏銳的思考者，同時是友善、負責和誠實的行動者。」

在這個愈來愈複雜、多元，甚至許多價值互相衝突的時代，品格力已不只是生活習慣和常規的養成，反而該著重批判思考的能力，以及與人論辯、論述、溝通的能力，因為任何議題都牽涉到各種價值的衝突，以及含括各種領域的知識，要溝通、協商其實不是那麼容易，也是台灣學生目前最欠缺的能力。

另外，影響品格力培養的還有來自網路的影響。網路與社群網站充斥著零碎、簡約的速食資訊，而且當我們習慣看網路影片所呈現的圖像時，就會取代系統性的文字思考，不再有能力進行較為複雜且深刻的思考，這對於思辨能力是非常不利的。

當然，善加利用網路的確可以擴展視野，是一種非常方便有效率的學習工具，可惜我們一連上網，絕大部分的時間不是在玩遊戲，就是在社群網站裡閒聊，長時間遊盪在網路裡，虛擬世界和自己的人生似乎已合為一體。

有專家認為對網路的沉溺和依賴，會造成「虛擬人格」，因為社交都在網路上，在真實世界中實際與人接觸的機會不夠，使得這些人有較大的孤立感、寂寞感，缺乏處理衝突的韌性和耐

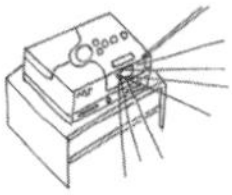

性，挫折容忍力和適應力也會比較差，還有自我認同會因為和現實有差距而比較不完整。

因此，網路的行為與學習是現代人的新課題，我們不只要利用網路打發時間、聯絡事情，也要主動創造更有價值的事物。

品格力也不僅是未來的競爭力。其實決定未來生活是否快樂與幸福的，絕不會是現在的英文、數學或物理成績，而是在經歷悲歡起伏的人生後，能不能依舊自信樂觀，還有懂不懂得維繫自己與朋友、家人的關係，能不能憑著誠信、自律、負責贏得一份事業與成就，而這些都有賴於品格力。

B寶

我覺得現在的小孩子活得「既幸福又可憐」。幸福是因為比起爸爸媽媽那一代，我們多半都能豐衣足食，又能平等接受良好教育，還有許多新科技、新發明擴展我們的學習領域、娛樂範圍；可憐也正是因為如此，因為曾經「擁有」，所以忍受不了

「沒有」，這是我在高雄鳳山接受入伍訓時最深刻的感受。

因為在軍中受訓時還是想知道外面的訊息，我便央求爸媽和親朋好友有空就提筆寫寫信給我。媽媽寄了幾則笑話，爸爸則趁機憶當年：「我在軍旅生活最大的體會是，原來人不需要太多東西也可以活下去，每個人所擁有的東西非常少，最好的伴侶就是一個鋼杯，這麼少的東西也可以過完一天又一天。」爸爸大概從小就是真的從生活各種情況體會到這種簡單生活也能夠很快樂的概念，除了書、DVD和CD，我們家沒有其他奢侈品。透過爸媽的身教、他們精心挑選的「宣導書」，還有許多電影紀錄片無形的「感化」，我和姊姊也很享受山頂洞人般的生活。

入伍兩週沒有冷氣、沒有飲料、沒有電視、沒有韓劇、沒有智慧型手機和臉書，許多人覺得活在地獄裡，痛苦無比，但我卻很習慣這種單純的生活。我覺得要過怎樣的生活由自己決定，自己活得快不快樂也不需要由他人來認證。只是，看到身旁的同伴們無法體會沒有太多物質和聲光刺激帶來的寧靜喜悅，我覺得非常可惜，因此想在這裡向家長們請求：拜託讓孩子也有機會跟你們小時候一樣，不需要太多東西就能活得很快樂！

教養，就趁現在

1. 讓孩子養成好品格比學一堆技能更有助於未來的競爭。
2. 自信、好奇、勤勞、挫折容忍度、誠實、合作、謙虛、同理心等品格，是父母教給孩子最大的資產。
3. 引導孩子能習慣物質條件簡單的生活，並從中發現快樂。

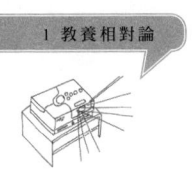

一定要讓孩子學才藝嗎？

偉文爸爸

教改已近二十年，理論上是不斷透過各種政策與規定為孩子鬆綁升學壓力，但是，從各種升學補習管道數量劇增的情況看來，壓力是不減反增的。大多數孩子每天要到處趕場上課，往往比大人行程還滿，而且不知道是不是因為多元入學可以透過才藝比賽加分的關係，許多家長就把學才藝當作智育考試般來要求，讓原本是陶冶孩子性情與發展孩子興趣的才藝，反而成了升學競技的比賽。

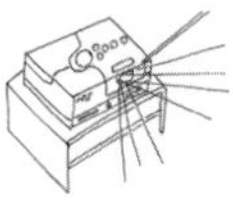

根據統計，絕大多數孩子學才藝是由爸爸媽媽建議與決定的，因此，身為家長的大人要反省自己讓孩子學習才藝的動機。我認為送孩子去學才藝，目的在於為他們提供豐富生活與開拓生命視野的機會，同時透過多元的嘗試，引導孩子發掘潛能，培養出一生的興趣，並且藉由各種活動，讓他們自我探索。父母若只是把讓孩子學才藝當成升學加分的管道或向親友炫耀的方式，實在是太可惜了，況且若太重視分數與學習成果，往往會扼殺孩子的興趣，反而得不償失。

同樣學才藝，有可能變成技巧的反覆操練與孩子的夢魘，也有機會成為陪伴孩子終生的興趣，讓他們更能品味生活，成為生命的活水源頭，其間的差別或許只在於家長的態度與孩子的感覺。因此，家長在幫孩子選擇才藝課時，要仔細觀察孩子與生俱來的氣質，看他們活動量高低、生活的規律性或敏感度等。不過說實話，要判斷孩子的性向與氣質趨向並不容易，很多時候是家長自己補償心理的投射或一廂情願的自以為是。所以，我們要讓孩子多方嘗試，也要讓他們有放棄的自由。

還要注意一點，當孩子想放棄時，要去瞭解是否有其他非興趣或學習上的原因，也許是孩子不喜歡老師，或者孩子不適應老師的教法，甚至只是才藝班某個孩子會欺負他……等，若確定不是這些因素，再視他學習的狀況來協助。假如孩子對某種才藝屬於高度興趣也具高度能力，就要注意他學習的瓶頸及進階師資的選擇；若是高興趣、低能力，那就當作是興趣的培養，著重孩子的欣賞能力即可；若是低興趣卻高能力，就要想辦法激發孩子學習的熱情；若是低興趣又低能力，就不要勉強孩子，可以放棄，另做其他嘗試。

其實除了讓孩子到才藝班學才藝，也可以讓他們藉由參加不同的社團學習各種才藝。不管是學校裡的社團、民間團體的兒童團隊或社區裡的共學玩伴，孩子都會因為參加社團多了很多人際互動，而且彼此之間成為共同努力、互相合作的伙伴，不是互相競爭的同學。當孩子在社團中沒有壓力、很高興地玩了一學期

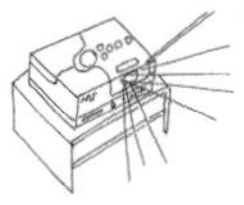

又一學期，這時候再視情況協助他們突破技術上的瓶頸，幫忙找專業的老師輔導學習，到了這階段，因為孩子已經產生真正的興趣，再花大錢才有效果，也值得。

最後，要提醒家長，因為國小、國中階段正是孩子情緒發展與價值觀養成的關鍵時刻，是孩子面對自己、體會世界，並且學會如何與別人互動的階段，因此，如何引導孩子建構心靈層次的豐富，或許比技能來得重要。

如果知識與才藝是種子的話，也必須在肥沃的土壤中才能發芽茁壯，而熱情與易感受的心就是肥沃的土壤。若能幫孩子準備好肥沃土壤，在他們成長過程中，會遭遇許多機緣，這些機緣就像天空中飄落的種子般，落於土壤自然會發芽長大。否則，若孩子又被動又沒熱情，即便被逼著去學許多才藝，也會像把一顆顆種子撒在水泥地上或沙漠中，要發芽是很困難的。

因此，家長要放輕鬆，讓孩子在自在的探索中，自由長成各種姿態，相信那會是父母超乎想像、令人驚豔讚賞的美麗。

A寶

在成長過程，我們學了很多才藝。

國小時，爸媽讓我們盡情參加學校的課後社團，包括：樂樂棒、邦笛、扯鈴、英語戲劇……，週一到週五放學後，我們經常泡在學校裡參加各式各樣的校隊及社團活動。現在回頭看國小瘋狂學藝的日子，深深覺得值得且回味無窮。雖然有時候會覺得自己「梧鼠五技而窮」，樣樣會卻各個不精通，枉費父母繳的社團費，但換個角度想，在社團裡能無壓力自由自在地玩耍、多方體驗各種事物，並學習與人互動，還因此交到了不少好朋友。也是因為這樣多方面的「涉獵」，我們發現自己對扯鈴的熱情，一直到高中都繼續學習。又因為扯鈴，我們認識了很多很不一樣的人事物，並透過扯鈴參與許多國內外交流活動。扯鈴就好像一扇窗，一扇協助我們看到世界的窗口。

每次要學一項新才藝時，媽媽會在報名前跟我們協調一個

「底線」——一個起碼要達到的目標，例如：學吉他要學到能當眾表演一首曲子，學鋼琴要學到能自己配和弦自娛等。媽媽希望我們養成為自己的選擇負責的習慣，而不是只有「三分鐘的熱度」，要能堅持下去。我認為這種要求在學才藝時是必要的。

學才藝是一件美好的事，但前提是不要把它當成「升學工具」，否則就有可能會抹殺掉原本「豐富生活」與「開拓生命視野」的意義。

教養，就趁現在

1. 藉由學才藝，孩子有機會找到陪伴終生的興趣，更能品味生活，但若父母太重視學習成果，往往會扼殺孩子的興趣，反而得不償失。
2. 幫孩子選擇才藝課時，要觀察孩子的天生氣質，看他們的活動量、生活的規律性或敏感度等來決定，不要因為自己的補償心理或一廂情願，而強迫孩子學習。
3. 讓孩子學新才藝時，親子要協調一個起碼要達到的目標，讓他們養成為自己的選擇負責的習慣。

可以讓孩子去流浪嗎？

偉文爸爸

鼓勵孩子出門去壯遊吧！

現代人的生活太瑣碎，資訊太多又太片段，似乎什麼都可以做，卻又不知想做什麼。

雙胞胎女兒AB寶大學甄試放榜後，就開始長達五個月、可說是人生最漫長的暑假。我鼓勵她們利用這難得的假期規劃一趟大旅行，甚至是沒有目的、行程的流浪更好，因為那將會是人生珍貴的體驗。

總覺得孩子不會因為年紀變大，就自動蛻變為成熟的大人，應該要給他們機會去經歷挑戰；而且青春的熱情也不會理所當然的存在，而是要親自流汗、流淚、撞擊自己的生命才能產生。

幾經思考，AB寶打算先到蒙古大草原漫遊，然後到俄國搭乘火車橫越西伯利亞，進行九千五百公里的長征。雖然一知道旅途中絕大部分的時間無法上網，甚至沒辦法打電話，我老婆有點擔心，但在做好安全教育後，我們還是支持她們去闖一闖。

是的，旅行會有意外，流浪也會有危險，但是，讓孩子躲在房間裡沒日沒夜上網，沉迷在線上遊戲的虛擬世界，變成一個虛無又茫然的人，會更安全嗎？

我想，年輕人對未來的茫然，大概也和愈來愈少在真實世界中與人接觸、感受人的溫度不無關係。

古代的和尚找不到人生答案時就會出門行腳。是的，走在路上比較容易想出一些事情。我們要給孩子一個在真實廣闊的世界中行走流浪的機會，讓孩子從肉體的辛勞、精神的困頓，從流汗、流淚甚至流些血中，體驗到自己真實的存在。

而且，不管是在一望無際的蒙古大草原，或是廣漠又寂寥的西伯利亞，路上一定有許多無所事事的時刻，我想，這是當代孩子（當然也包括大人）最缺乏的。

我們為了讓孩子有競爭力，從小用補習班、才藝班填滿他們所有的課餘時間，這些年更慘，行動裝置盛行，人們幾乎無時無刻都掛在網上，零碎的訊息分分秒秒充塞我們的大腦，已經沒有空白時間，沒有無所事事胡思亂想的機會。

人生有意義且深刻的體會除了需要經驗累積之外，更需要安靜、孤獨面對自我後的沉澱，但是，累積與沉澱卻無法在忙碌紛擾的生活中產生。

有研究顯示，無所不在的數位科技正在改變我們腦部的結構與生化性質，造成許多精神失調的行為。而且一心多用，刺激太多，大腦始終沒有安靜的時刻，也就沒有辦法進行深度思考及有意義的創造；習慣在虛擬世界晃蕩，也無法建立穩定的人際關

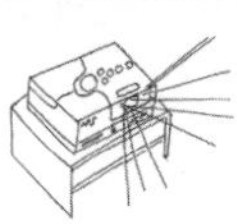

係，會逐漸跟現實脫離，與社會有疏離感，甚至物化，而失去了人情的溫度。

看了許多研究，也真的看到愈來愈多年輕人失去年輕人該有的熱情與朝氣，或許，該是我們鼓勵孩子到無法上網的地方去旅行與冒險的時候了，讓暑假成為孩子改變的契機吧！

A寶

小學每逢寒暑假，爸媽都會陪我們一起規劃活動，我們家不常出國旅行，但會計劃主題式的旅行，像是博物館之旅、小鄉鎮之旅……等。最難忘的是小學六年級的「homestay」，我們與另外兩個好朋友輪流到彼此的家住宿，體驗不同的家庭生活。

那年，我們與住在市區的小品一起上游泳課、才藝班，和山裡的安安一起爬山、玩水，大家也到我們家騎腳踏車、看電影……。小品生長在文教家庭，家規嚴格；安安的父母是藝術家，一派浪漫，這種「短期寄養」讓我們體會到不同家庭的教養與生活，也讓我們多了好多一起成長的同伴。

國中印象最深刻的家庭旅行是「上海世博行」，我們找了兩位好友同行。爸媽讓我們自己規劃行程，從坐什麼交通工具，到參觀哪一個國家館等，事前必須先查好資料、做很多功課，這讓旅行不再只是走馬看花，而有了更深一層的體會。

在計劃家庭旅行時，父母別忘了放手讓小孩規劃，並在一旁協助哦！

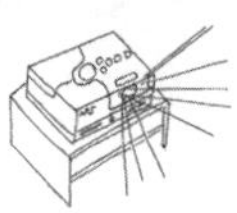

教養，就趁現在

1. 孩子不會因為年紀變大，就自動蛻變為成熟的大人，要給他們機會去經歷挑戰。
2. 旅行會有意外，流浪也有危險，但讓孩子躲在房間裡沉迷於上網和線上遊戲，變成一個虛無又茫然的人並不會更安全。
3. 鼓勵孩子到真實世界流浪，讓他們能從肉體的辛勞、精神的困頓，體驗到自己的存在；也能暫時離開被資訊轟炸的生活，獲得片刻安靜，以進行深度思考及有意義的創造。
4. 家庭旅行時，不妨讓孩子負責規劃行程，這樣他們旅行時會有更深的體會。

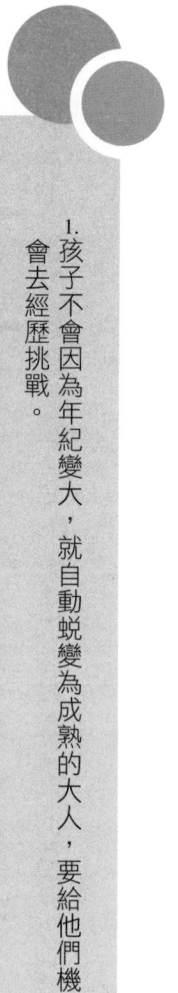

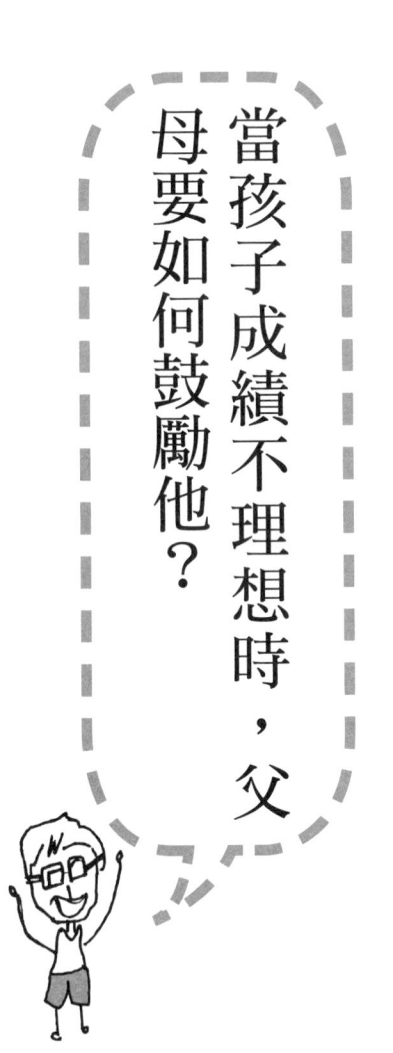

當孩子成績不理想時，父母要如何鼓勵他？

偉文爸爸

有一回我到新竹女中做週會演講，結束後，有幾位學生留下來希望我幫忙在書上簽名。有位高二學生很興奮地分享她的閱讀經驗，說她非常喜歡看小說，也喜歡參加社團活動，覺得課本既枯燥乏味，以後也根本用不到，原本打算放棄學校課業，但在我的書上看到一段我與讀中學的女兒討論讀書目的的內容，被我說服了，現在又乖乖耐心地面對課本跟考試。

在旁邊的老師聽到我們的對話，忍不住問我到底是如何跟孩子說的，怎麼這麼有效？

我笑了笑，跟老師說，通常我不會跟孩子講虛偽的話，會先同理她們的心情，再跟她們一起面對事實，之後才有機會與她們討論：「那我們可以怎麼做？」

以討論為什麼要讀書為例，有孩子抱怨高中數學、物理、化學或背一堆公式以後也用不到，幹嘛把這麼多時間與生命浪費在用不到或會被淘汰的知識呢？

首先，我老實承認，高中課程真的有些難度，有些科目若非以後從事相關行業，的確是用不到，而且現在背下的資料也許幾年後就會被淘汰了。像這樣先同理孩子的情緒之後，我再要她們面對現實。

依照目前的制度，若想進入頂尖的大學，就必須考到一定的成績，而且當我們必須把這些不喜歡又枯燥又難念的課程搞懂，的確要有堅韌的耐力，一旦我們能勉強自己克服這些困難，也會獲得自信，相信自己有能力面對以後遭遇的挑戰。

我提醒孩子把這些自己不擅長不喜歡但又是必考的科目，當作是人生達成目標的障礙，或當作學習才藝或運動技能時一定得反覆練習的基本動作、基本功。

當然，我知道這種說法對我的孩子或新竹女中的學生有用，是因為她們對讀書與考試已經有不錯的底子與信心，對未來也有較強烈的期待，她們的迷惘只是因一時的煩躁或沮喪，這些人是能夠適應目前社會主流價值的人。但是，其他的孩子怎麼辦？

有許多孩子已經因為在成長過程中不斷遭受挫折而自暴自棄，又如何協助他們找回學習的熱情與對未來的憧憬？

課本或考試所能評鑑出的，只是所有「能力」中微不足道的一部分，而且在全球化競爭及知識產出與淘汰如此快速的時代，未來在職場上謀生所需要的技能或工具，恐怕現在都尚未出現，顯然我們沒有辦法「學」現在「不存在」的東西，因此，求學不應該只包含個別知識的背誦，而必須調整成最基本能力的養成、個人素養與學習態度的建立。

這種能力是指想像力與創造力、主動求知的熱情，以及具有高度團隊合作與溝通協調的個性。讀書不只是為了考試，而是為了增加自身能力的眾多方法之一而已。當我們擁有許多能力，讓自己被別人需要，也就是用自己的能力貢獻社會、幫助別人時，我們也能以此能力換得我們所需的協助或想要的東西。

以後的社會不只有三百六十行，而是三百六十萬行，不一定要會讀書考試，只要我們因為喜歡，將熱情投入所學會的任何技能並做到傑出，一定可以創造出屬於自己的幸福人生。我們要讓每個孩子都有這樣的信心，笑著迎向未來。

A寶

別人都是段考後沮喪鬱悶，我則是段考前憂鬱。這種症狀到了高中尤其明顯，我常在考前三更半夜大哭，而且質疑考試的意義和目的。

通常我們會疑惑並埋怨「讀書的目的」，不外乎是因為考試沒有考到好成績，或被紛至沓來的考試搞得灰頭土臉、心煩意亂，抑或努力了很久卻沒有得到相對應的回報……。面對我們的質疑，父母除了要有創意地解釋讀書的意義，也要注意不要以「成績」評斷孩子。

爸媽常在大考或比賽結束而名次、成績還沒公布前，因為我們的努力獎勵我們。世界上只有父母看得到我們努力的過程，老師、同學、親友只看得到結果而不是過程，旁人也只能以表面的結果，評斷我們的努力、學習成效。但是，努力與結果有時候不是成正比的，父母是唯一能透過讀書考試，教育小孩「過程重於結果，盡力即是完美」這項道理的人。

雖然我還是會質疑讀書的意義，考試成績依舊起起伏伏，但是，我知道爸媽看得見我的努力，並始終支持我，這種支持的力量溫暖且十分有力。

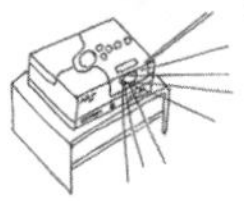

教養，就趁現在

1. 在孩子抱怨學校教的東西將來根本用不上時，要先同理他們的情緒，再引導他們面對現實。
2. 提醒孩子把不擅長、不喜歡卻又必考的科目，當作邁向目標途中的障礙，或像學習才藝或運動技能時得反覆練習的基本動作。
3. 對於在考試中受挫的孩子，要讓他們知道，求學不單指背誦知識，還包括基本能力的養成、個人素養與學習態度的建立。
4. 父母可以在成績公布之前，先獎勵孩子的努力。

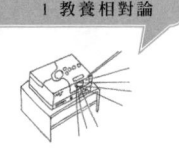

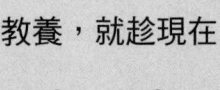

父母當孩子的朋友是正確的嗎？

偉文爸爸

這些年，愈來愈常在公共場所看到沒有規矩、甚至像小霸王般目中無人的孩子，然而，陪伴在旁的父母親卻非常淡定，毫不制止或教導。其中除了極少數的孩子也許有天生的精神障礙，我相信大多數應該只是缺乏家教的正常孩子。

我總覺得台灣有不少家長在孩子不同成長階段所採取的教養方法與重點剛好顛倒了，往往在孩子還小時崇尚開放式教育，以專家的話為聖旨，說「父母要當孩子的朋友」，認為一切事情都必須跟孩子「好好商量」，以致孩子才剛學會走路、講話，就讓他予取予求。其實父母就是父母，在孩子習慣與人格養成的初期，不應該以「當孩子的朋友」為藉口放棄管教責任。孩子必須聽從父母的話，父母從小要求孩子負責任、守紀律，如此才有利於一路陪伴他們度過青春的叛逆與狂飆期。

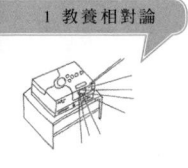

當孩子的紀律與常規都順利養成，而且對人體貼有禮貌，家長就能夠放心讓孩子獨立自主去處理事情。一個從小被父母寵慣著長大、被過度安排的孩子，是無法在這個競爭激烈的社會生存的。挫折容忍力也是這個時代孩子最欠缺的，因此，在可控制的情況下，父母應該在生活中讓孩子有機會受點苦，有機會可以傷心難過，好好哭一場。

以溫柔而堅定的方式建立孩子的規矩，要孩子為自己的行為負責、承擔後果，是現代忙碌的父母最該學習的。有許多在職場上非常能幹卓越的父母忙得沒有時間陪孩子，好不容易出現在孩子面前時，不是動口責罵、批評孩子，就是滿懷愧疚地寵溺孩子，父母要常常提醒自己不要犯了如此兩極化的情況。

孩子需要被要求、被限制，其實他們也渴望生活中有個可以遵循的底線，這是所有父母都必須知道的祕密。當孩子知道他們可以自由活動的安全底線在哪裡，知道什麼事情可以做、什麼事情不可以做，清楚生活中有一道絕不可越界的圍牆，反而可以很有安全感的成長與發展。

若家長分不清「尊重」與「放縱」的差別，對於「讚美」與「獎賞」的使用也不夠謹慎的話，可能就會養出一個自我中心的小霸王。當孩子還小時，尚不覺得有何不妥，等到孩子到了青春期逐漸脫離父母掌握，父母才開始擔心孩子變壞，轉而採取高壓手段，以「我是為你好」為藉口，阻斷了親子坦誠溝通的機會。

小孩子大腦理智分析的功能尚未發展成熟，實在不必耗太多心神溝通、講道理，他們也沒有太多能力來自主選擇，父母陪伴的重點反而該放在養成生活常規及負責自律的習慣。到了青春期，一個行為舉止讓大人放心的孩子，父母才能跟他以朋友般的態度相處，以及互相分享心靈的感受，親子間的親密感才有可能真正建立。

當我強調負責、自律這些生活常規一直是我教養孩子最核心的努力目標時，引起了不少共鳴與回響，當然，其中也一定包含了許多的誤解。

前一陣子，我接到一封朋友寄來的信件提醒，他的孩子在公立幼兒園讀中班，發現遊戲時間孩子在遊戲區玩時，老師居然規定小朋友玩具該怎麼玩，玩過山洞也必須遵守從哪裡進哪裡出，當他跟老師溝通應該讓孩子自在地玩，想不到老師居然拿出我的文章給他看，並且在「從小要求負責任、守紀律」這句話旁以紅筆畫圈，暗示這是在教導孩子守紀律。

的確，以玩遊戲這點來看，這位老師似乎誤解了我的意思。我在陪伴孩子成長的過程中，要求孩子一定得養成的紀律與常規，是指生活作息及待人接物這類與人相處的品德，至於學習的內容與方式，是非常開放，甚至可以說是浪漫的。

所謂生活作息包括：幾點鐘睡覺、幾點鐘起床、飲食習慣（少吃油炸食物，不吃零食，只能喝白開水）、每天必須運動……等，當然，藉由情境塑造養成孩子自動自發的學習紀律也是我們教養的重點，每天必須分擔家事，也是沒得討價還價的。另外，假日參加活動或當志工時，也是訓練孩子與同儕或大人互動能舉止得宜的大好時機。

我相信這些要求與學習內容開放是不衝突的，像我們跟孩子平常在家一起看電影、看小說，假日上山下海、攀岩溯溪，玩得百無禁忌，讓孩子的想像得以天馬行空。

當孩子作息有規律、生活單純且穩定，就可以不必為日常瑣事傷腦筋，省下的精力反而可以好好放在多元學習。我總覺得把時間浪費在處理混亂的生活細節與滿足物質欲望，是非常可惜的。

而且我要求孩子養成的學習紀律主要是一種自我要求的態度，不是標準答案的訓練，也不會抹殺自由創意，更不會過度安

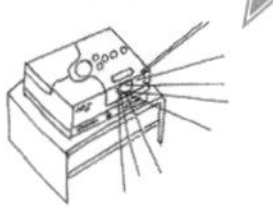

排孩子的大小事。

當一個孩子能夠自我負責，並已建立良好的生活常規，就是我所謂的有紀律。這種紀律對於創意的發展很重要，做了一輩子創意工作的著名建築師潘冀與廣告才子孫大偉就曾經一再強調，講究紀律對從事創意工作的人非常重要，因為只有非常有紀律的人，才能有足夠的時間與精力來思考，並且將創意付諸執行。

我們往往以為創意這種能力是天生的，有這種才華的人在需要時就會迸出創意來，其實並不是。根據研究，創意的來源不是靈光乍現，它得花費大量的時間來培養，在不斷挫折中反覆練習，在不斷失敗中仍有勇氣繼續挑戰，所有成功的創意全都必須經歷一段漫長、既專注又有紀律的努力過程。

因此，我們在支持孩子多元發展並鼓勵他們懷抱夢想之餘，也要記得，若孩子自制力不足，沒有學習紀律，是無法逐夢踏實的，也許會在遭遇挫折後一蹶不振，甚至產生嚴重的情緒困擾或負面的人格特質，那麼離我們當初的想像反而愈來愈遙遠了。

B寶

　　儘管我不是很喜歡這個稱呼，但從小就是公認的「乖寶寶」，會當乖寶寶一開始也許是因為天性，但另一方面大概是被「罵」出來的。這並不表示我是迫於無奈、迫於無可抵擋的強權——媽媽，才產生被動式的屈服，而是瞭解、反省後的選擇。這其實是我回頭檢視挨罵經驗之後所做的分析，即使被罵當下或多或少有些憤怒不爽。在我印象中並沒有因為功課、成績不及格、考不到前十名被罵，這裡的「被罵」是指因為「生活習慣」和「做事態度」不佳而挨罵。

　　比如：只要用完廁所就要把它恢復乾淨，讓下一個使用者感覺舒服，廁所地板要保持乾燥，梳頭髮、洗澡完吹乾頭髮產生的滿地落髮，要用膠帶一根一根黏起來；吃完的碗、帶去學校的便當，回家要馬上泡水洗乾淨，洗前還要先將乾的碗筷歸

位；還有遇到長輩要問安等……愈是瑣碎的小常規，愈是難以遵循，一開始，我認為媽媽費這麼大的勁去盯，只會破壞彼此的和諧，覺得很煩，不想理她。但我漸漸發現，當我自己和朋友出去玩，尤其是外宿時，不知不覺，我好像中毒一樣，連媽媽沒管的生活常規，自己也嚴格遵守起來，甚至開始注意別人有沒有這樣做。現在我發現這好像真的是態度問題，而非無聊小事。就像好的故事缺少不了細節，我覺得「人」也是一樣，因為點點滴滴的「生活習慣」，才會建構出完整的人格！

如果爸爸媽媽一開始就想要求小孩擁有某些規矩、堅守一些生活原則，那麼我認為「從小」開始「管教」是有效且必須的方式。我得承認，直到現在我還是常常被罵，但因為我知道這個要求一直存在，這是有重要意義的事情，就比較不會排斥，並漸漸內化為自己的一部分。

有些人會覺得小孩子不懂事就算了，到青少年時期再要求，認為孩子小時候不用管教，讓他開開心心的，大家相處融洽和樂，到了青少年時才會好溝通，但是，我覺得這樣的教育方法反而會使小孩子／青少年無所適從。小孩子到青少年的界限在哪裡？當大人主觀決定小孩子已是青少年時，就會突然給予很多限制，而孩子則是突然覺得自己以前可以做的事卻成為錯的，突然在精力旺盛時被五花大綁，這樣一來，孩子應該會傾向反彈，而非接受、適應吧！

「管教」小孩是一件藝術，得針對不同「個案」量身訂做。我們家這個艱難的重擔落在媽媽頭上，我覺得老媽沒有什麼特別的技巧，就是堅持，當然，同樣的事情唸太多次，我們家也會上演大吼大叫的戲碼。

有些人主張要開明，要凡事和小孩溝通，要尊重小孩、當小孩的朋友等，但我覺得在「生活習慣」和「做人原則」上，家長有義務讓小孩明確建立起「正直」的態度。

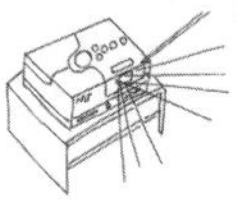

教養，就趁現在

1. 孩子需要被要求、被限制，若他們知道可以自由活動的安全底線，反而可以很有安全感地成長。
2. 小孩大腦理智分析的功能尚未成熟，不必耗太多心神跟他們溝通、講道理，他們也沒有太多能力來自主選擇，父母應著重在生活常規及自律習慣的建立。
3. 要求孩子養成學習紀律不會抹殺自由創意，相反地，只有非常有紀律的人，才有足夠的時間與精力來思考，並且將創意付諸執行。
4. 「家規」最好從小就讓孩子學會遵守，不要小時候放任，進入青春期才要他們遵從。
5. 在「生活習慣」和「做人原則」上，家長有義務讓小孩建立起正確的態度。

如何讓孩子擁有一段精彩的中小學生活？

偉文爸爸

AB寶她們以學測成績申請上理想志願後，就開始規劃漫長的暑假。

因為姊姊A寶有兩份家教工作，除了家教學生之外，也有不少家長詢問她們如何安排中學生活，我就建議她們乾脆來一場公開的演講，讓有興趣的學生與家長都有機會來聽。想不到她們答應了，於是就借用她們國中母校的會議室，更想不到的是，能容納一百五十人左右的場地來了兩百多人，看來這種由孩子現身說法的演講頗吸引家長。

有不少朋友好奇，為什麼通常叛逆或不喜歡跟大人來往的青少年，會願意承擔公開演講這種麻煩事？

我想原因有幾個。

首先，她們從小參加荒野保護協會的炫蜂團，荒野最強調的就是分享與行動，再加上她們很習慣當義工，因此，分享學習心得對她們來說原本就是理所當然的事。

第二，在成長過程中，她們接受過許多叔叔阿姨及大哥哥大姊姊的幫忙，我們常常提醒她們要感激別人不求回報的協助，因此，當有能力貢獻自己的一點心得時，她們當然也很高興。

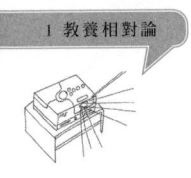

第三，因為我們知道同儕的影響比大人耳提面命有用多了，在她們成長過程中，我便拜託比她們大幾歲的大哥哥大姊姊指導她們，並作為她們學習的典範，因此，她們有機會也要去鼓勵比她們還小一點的學弟學妹。

其實，這其中還有一點父母的私心期待，因為我知道，我們正在教導別人的東西，才是我們自己最該學的，也只有透過教導，自己才會有深層的瞭解與體會。因此，我相信AB寶一方面教別人如何利用時間，一方面也會好好規劃與掌握自己的生活。

當她們在計劃這次分享會時，我建議除了C寶（老朋友的女兒，從小與她們一起長大），也可邀請其他的好朋友參與。A寶回答：「我們考慮過，不過，其他的好朋友比較有特殊天賦，她們的中學生活一般人比較不容易學習，而我們的是可以被複製的。」

好一個「可以被複製的」，該給A寶按一個讚！的確，這些年我就是希望以一般人（即便沒有錢、沒有時間、沒有特殊專長）都做得到的方式來陪伴孩子成長，甚至有點刻意的不在AB寶身上花錢，讓她們盡量利用公共資源來學習，想不到這個「心機」被AB寶看穿了！

以下是當天演講的部分內容，由AB寶自己整理成文字。

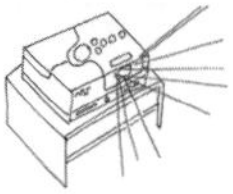

A寶

一、爸媽別再給孩子的壓力鍋加溫

大學申請告一段落後，我們與好友C寶在爸爸的站台下辦了一場分享會，分享我們中學求學的酸甜苦辣與心得建議。在分配工作時，B、C寶異口同聲說把「情緒管理、壓力與我」的主題交給我，因為我是三個人當中最不會管理情緒的，也是壓力最大的。分享會結束，大家都說我成功以「悲情式喜感」表達了我的「掙扎與改變」，原來，大家都對壓力的問題這麼有共鳴。

從國中開始，我就面臨考高中的升學壓力，然而，考上高中不會有海闊天空、柳暗花明之感，進入高中就好像跌進一個更大的深淵，壓力不減反增。我認為每個小孩子都會感受到壓力，不局限於前幾名的學生。面對壓力的方法因人而異，爸媽在協助我面對壓力這方面令我感激不已。

在我們念國小時，爸媽就不斷教導我們讀書應有的態度，之後便放任我們管理自己的課業、成績，只在意我們的生活習慣。

從中學開始，爸媽就授權我們自己簽聯絡本、考卷、成績單、假單。成績穩定的B寶有一次數學不及格，同學擔心她回家會被爸媽罵，她一邊回應「我爸數學比我差耶！」一邊當著同學的面表演家長簽名，B寶的數學老師兼導師以嚴格出名，同學都覺得不可思議。爸媽的信任，的確減輕了我們許多的壓力！

父母不要太焦慮，讓孩子建立良好的讀書習慣和態度後，就放手讓孩子飛翔吧！我們在學校接受到的壓力已經夠多了，如果再加上父母給的壓力，可能會吃不消噢！

二、妥善規劃時間，專注讀書、享受活動

參觀過我們家的朋友看到我們家無處不是書的亂象，都不免好奇：「讀書都來不及了，妳們怎麼有時間看那麼多的課外書？」要回答這個問題，得先從「我們如何規劃自己的生活」回答起。

以一週為單位，我們的時間分配是七分之五的時間讀書，七分之二的時間從事課外活動。七分之五是指一週之中週一到週五

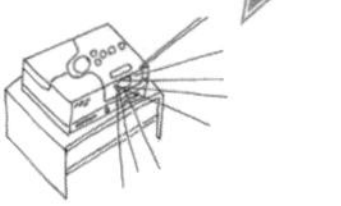

等五天讀書，剩下兩天的時間則用來探索世界，這樣講感覺有說跟沒說一樣，其實不然。我們把補習時間都安排在五天的讀書時間裡，而且這五天做的事只有「讀書」，不看電視，不看電影，不做其他所謂的「雜事」（當然有空檔或等待時光還是會看課外書）。兩天的假日，除了補上平日沒完成的進度，會看電影、參加社團、爬山、看閒書。家裡沒電視，我們也不太依賴網路，所以就多出很多時間從事各種課外活動。

「那課外書要怎麼選？要讀哪些課外書？」朋友接著問。

世界上沒有必讀之書，因此，我們「來者不拒」。國中時間比較多，看的書比較多且多元。範圍囊括翻譯小說、文學作品、科普小說……等，印象比較深刻的是力克・胡哲的《人生不設限》、描述一個真實的志工之旅的《親愛的小王子》和《蘇菲的世界》。高中的閱讀可以分為三類：過去、現在與未來，過去是指課本介紹的名著、世界級經典文學，例如：余秋雨的《文化苦旅》、馬奎斯的《百年孤寂》；現在是指現在發生的人、事、物，如褚士瑩的《在天涯的盡頭，歸零》；而未來是指探討人生課題的書，如郝明義的《工作DNA》。

時間是擠出來的，每本書是裝有能量的禮物，打開它，生活就會充滿源源不絕的動力！

三、弄清補習的初衷，它就不會變成噩夢

我們在《教養可以這麼浪漫》的序文立的標題是「我們沒補習，我們補快樂」，現在我們要更新一下近況：國中、高中我們有補習，我們補得很快樂！

補習是台灣學生的夢魘，也是大家共同的記憶，每次跟外國朋友介紹我們的補習文化，他們都瞠目結舌，不敢置信地嚷嚷著「怎麼會有這種事！」補習無疑在中學生活佔有一席之地，對於補習，我們採取不排斥學校也不排斥補習的心態。國中時，我們補了數學，並在基測前補了物理與國文作文。補習的原因不是學校老師教得不好，而是希望從不同角度切入相同的課程內容，以

加深我們對課程的理解。出乎意料的是，因為老師的詮釋不同，提高了我們的學習興趣與效率！

高中補數學與英文作文，補數學的目的是希望以補習來節省讀書時間，而補英文作文是希望培養好用英文敘事的能力，因為這會是未來一輩子都需要的能力。

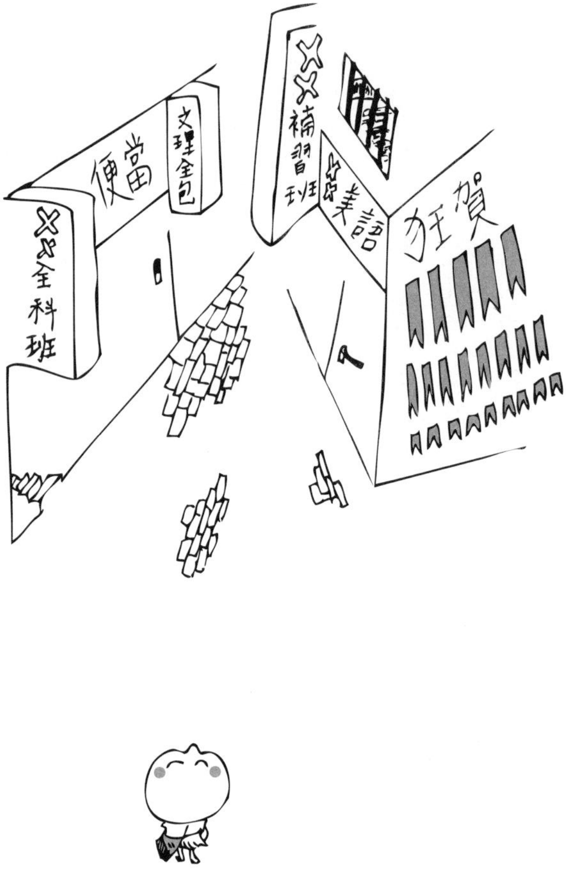

有同學花很多時間補習，導致沒辦法顧好學校的功課，弄得身心俱疲、兩頭空，不僅補習班交代的功課沒辦法完成，學校出的作業也空著。補習前要想清楚意義與目的，「補安心的」這種心態就不太健康。另外，沒有所謂好的補習班，只有適合自己的補習班。

高中補習班如雨後春筍，每到下課時間，各大補習據點就人滿為患。還記得有一次妹妹去理化班試聽，回到家很開心地跟我們說：「我遇到好多失散多年、上不同高中的朋友，大家在補習班齊聚一堂，都可以開同學會了！」

或許，補習成為一種趨勢是不可避免的，我們要學習在這洪流中仍能認清自己的方向與初衷。

四、找到自己不被「考」焦的方法

學測結束後，朋友介紹了一份家教任務給我——輔導一個機靈聰明的國一弟弟讀書，希望我的引導能激起他對讀書的興趣，進而對生命產生熱情。哇！這個任務充滿挑戰。每次的家教時光，我都能在彼此的對話中看到自己曾有的煩惱與困惑，也很開心弟弟能大方跟我分享他的焦慮不安。

還記得有次上課接近國中的期中考，我花了很多時間解釋我如何透過訂正達到考後一百分，也向不耐煩考試的他坦誠自己高中時也曾排斥小考，甚至有拒寫考卷的行為，但強調我會把每一張我肯花時間寫的考卷確實訂正。我問他為什麼沒有把考過的考卷好好訂正，為什麼拒寫那麼多考卷，他說了一段我永遠不會忘記的話。

「姊姊，我跟妳說噢！一個國中生三年來要寫三千多張大大小小的測驗卷，我計算過，把這三千多張考卷拿來燃燒所產生的能量，可以煮熟六個老師！」真是精彩的比喻！聽他這麼一講，表面上我微笑裝鎮定，內心其實瘋狂拍手叫好！

任何飽受考試之苦卻又無法從成績獲得肯定的學生，在成長歲月裡，多多少少會出現「好想煮熟老師」的邪惡心態吧！我就有過這樣的想法。其實，我們也不是真的想要煮熟老師，只是希望老師不要再考啦！換個角度想，老師其實也不是想考我們，只是希望透過考試來幫助我們檢驗自己。只不過，要學的東西太多，要考的東西相對來說就變得很多，學生與老師的需求根本無法達到平衡。樹木無奈地被砍來印成考卷，學生無奈地寫考卷，老師無奈地發考卷，無奈每日反覆上演。

面對這個惡性循環，我的方法是跟老師溝通。當我覺得寫考卷很沒意義，我會跟老師商量，看能否用別的方法取代。如果溝通不成，我會再三考慮，並選擇一個不容自己後悔的決定堅持下去，例如：在準備學測時，我覺得廠商發的歷史小考考卷太瑣碎、太刁鑽，寫了只會增加我的挫折，便決定不考，把時間拿來寫歷屆考古題。儘管老師認為考小考仍是必要的，因為學期末要計算小考成績，我仍堅持自己的方法。結果，我學測的社會科拿到不錯的成績，但學校的平時成績非常低，然而，現在的我非常慶幸當時作那樣的決定，在考不完的壓力中找到自己換氣的方式，不至於淹死在考卷大海裡，還能享受讀書的樂趣與意義。

五、熟記單字和文法是學英文的基本功

小時候曾有人好奇我們是如何在不補習的情況下學習英文的，比起英文優異的人，我們的英文還差得遠呢！但我們還是想和大家分享學習英文的歷程。

幼稚園中班、大班時，我們有半天去上全美語幼稚園，有半天去上家附近的幼稚園，開啟我們對英文的接觸。小學時，我們停止補英文，認真跟著學校老師的進度走，在家聽《大家說英語》。寒暑假時，我們參加英語夏令營，在夏令營認識了很多好友，也交了一些直到現在仍保持聯絡的外國朋友。因為沒有補習壓力，並且持續接觸，我們很喜歡英文，也對學習英文充滿熱忱。

國中時，說實話，我們在「實用英文」也就是口說方面沒有多大的長進，因為我們一直專攻「台灣考試式英文」——背單字和寫文法書。我們背單字沒有獨門祕方，不過是土法煉鋼地背單字、反反覆覆地寫文法書、不懂的地方就請教老師（整本文法書應該至少寫了三遍吧！）國中時文法的扎實訓練，讓我們的高中學習輕鬆很多。

轉變最大的應該是高中時期。我們參加了不少需要用英文溝通的交流活動，也繼續死背英文單字。為了增進自己的英文能力，我參加了英語辯論社，英文成長了不少；妹妹則以聽演講、看**Ted**的演講等英文影片來保持語感，也補了很有趣的英文作文班，學習用英語敘事的技巧。不過，我們都認為，背單字和熟讀文法是學英文不可缺少的基本功喔！

六、記錄每日行程，檢視自己的生活

看過爸爸的著作《教養無所不在》的讀者，對我接下來要講的可能不陌生。小學開始，爸媽便要求我們在一張全開的海報上，畫表格、填日期、寫下目標，並每天記錄檢視自己的生活。

透過這種記錄過程，我們能清楚自己做了什麼事、還可以做什麼。

目標使人振奮，夢想給人熱情，但是一味的目標導向，要求自己一定要完成某個特定目標，會使人感到疲累，每天追著落後的進度跑更會感到沮喪。反之，流水帳似地記下自己的一日行程，看著表格愈來愈滿，就會愈來愈有成就感，也可以順便反省自己的時間分配，一舉多得！

在這個焦慮的時代，心焦的父母和茫然的小孩常常覺得暑假就是要排得滿滿的，營隊、交流活動、旅行、參加志工等排山倒海而來，認為不能有閒在家的時刻！歷來暑假讓我最難忘的並不是參加各式夏令營，而是和兩、三個社區好友自在地度過「山居歲月」，一起在家看書、讀英文、做餐點、在家門口打球扯鈴……，這種悠閒而美好的空白時光，往往是平日忙碌生活的動力來源！

B寶

一、補習也可以是一種娛樂

從小爸爸媽媽就幫我安排很多活動，還記得念幼稚園時，下午都要去全英文教學的補習班上外籍老師的英文課。雖然我只上到小一就停了，但因為小時候在輕鬆愉快又沒考試壓力、像是平常生活一般的氣氛下接觸英文，所以不會懼怕排斥英文。而且那時天天花三小時以上接觸英文，英文對我而言既熟悉又親切，甚至英文還稍稍強過中文，書架上的中文繪本反而看不太懂，只好看英文的 magic tree house 系列小說。

很感謝爸媽讓我從小學英文，如今的趨勢摒棄「不要輸在起跑點上」這種功利現實的價值觀，但我覺得要視情況有所修正，像「學英文」這種語文類的學習，不妨提早學習，慢慢醞釀。

但是，一些學校已經教得很扎實的科目，例如：社會、自然、數學、國文，到國、高中更細分為生物、地球科學、物理、化學……，我覺得不用太緊張，沒必要在暑假先修，那樣不但會因為沒有考試壓力而容易忘記，也縮減自己探索課堂外學習的機會。

小時候還參加很多學校舉辦的課後社團，我們把它視為正規安親班的娛樂版。因為爸媽都要上班，無法一放學就來接我們，就讓我們利用這段空檔學習才藝，像是邦笛、小提琴、口語表達、作文寫作、打棒球等。各個小學應該都會開設類似的課程，家長不用費心到坊間尋找才藝班，也不用擔心品質不佳。

至於補習班及才藝班的選擇，最終還是要看自己的需求和目的，而不是為了迎合時代潮流，而且一定要通過孩子的鑑定認可，才能達到效益與快樂最大化。

二、愛運動的孩子不會變怪

還好我熱愛運動，不愛運動那有多無聊啊！小時候，我容易生病、常感冒，好在姊姊在雜技校隊裡表現不錯，我得以跟在她屁股後面開始玩起雜技。早自習時間，大家在教室裡寫作業，我不在；中午午休時間，大家在睡覺，我不在；放學後，大家衝到對面的安親班乖乖坐下寫考卷，我也不在。我開始變成整天幾乎都在操場、地下室、韻律教室鬼混的好動分子，雖然少了午休，但因為天天都在運動，身體反而變得強健了。

因為小時候很愛運動，放學回家也有二、三小時的運動時間，我從小就養成愛運動的好習慣。國中即便功課比較忙碌，放學後我也會多留下來跑十圈操場，高中時則是第三節下課就提前吃好便當，中午有約一小時的時間到體育館跑步。現代孩子常宅在家，一動也不動，不想動也沒機會動，其實是非常可憐的。

愛運動的人不只身體健康，心理也應當會很健康，比較不容易為了一點點小事糾結，變得怪裡怪氣、不理睬家人。運動帶來的能量非常巨大，不單單只是一種休閒，還是讓我們保持快樂、熱情的方法。爸媽無論再忙碌，都要想方設法讓孩子運動，而且最好能和小孩一起運動。沒時間的話，也可以像我媽一樣把我們丟給學校校隊、課後社團，或者也可「敦親睦鄰」一番，趁著鄰居帶小孩去公園、運動場玩時，順便送他小孩免費的玩伴。其實有很多方法讓小孩子愛上運動，只不過爸爸媽媽要知道的是，運動真的很快樂，絕對不是只用來打發時間而已，有時候要刻意創造運動機會噢！

教養，就趁現在

1. 父母不要對孩子的學習狀況太焦慮，讓孩子建立起良好的讀書習慣和態度後，就放手吧！
2. 教導孩子讀書時全心投入，不看電視，不沉迷網路，就能多出很多時間從事課外活動。
3. 不管父母或孩子，對於補習都要想清楚目的，不要花很多時間補習，結果弄得身心俱疲，甚至學校和補習班的功課都無法完成。

教養，就趁現在

4. 學校會教得很扎實的科目沒必要在暑假先修，那樣不但會因為沒有考試壓力而容易忘記，也縮減課堂外學習的時間。

5. 學生總有考不完的試，要引導孩子找到自己抒解壓力的方式，以保持對讀書的興趣。

6. 背單字和熟讀文法是學英文的基本功，而讓孩子在愉快又沒考試壓力的氣氛下接觸英文，更能保持學習的熱情。

7. 訓練孩子流水帳似地記下一日行程，看著表格愈來愈滿他會產生成就感，也可藉以檢視時間分配。

8. 愛運動的人身心都會很健康，比較不容易為小事糾結，變得怪裡怪氣、不理睬家人，所以一定要讓孩子養成運動的習慣。

Chapter 2

感性父親的悄悄話——你的疑問，我的建議

怕孩子變成啃老族？跟他談談工作價值吧！

有一年暑假前，我到馬祖演講，與副縣長聊天時談到親子互動，從軍職退伍轉任的副縣長笑說：「以前孩子看到我們在家裡晃來晃去不覺得有什麼了不起，等到他入伍後才發現，原來少將官階非常大，從此對我刮目相看！」

的確，即使在外叱吒風雲的大企業家，回到家裡，在孩子眼中也許只是穿著睡褲看電視的糟老頭。父母除了關心孩子的功課之外，很少跟孩子分享自己對工作的想法或努力，卻忘記孩子是看著我們的背影長大的，而不是聽我們的訓話來建立價值觀的。

前些年，有不少好朋友從高科技產業退休，這些電子新貴年紀輕輕，孩子大概還在讀小學左右，看著父母親睡到日上三竿，整天想的就是要到哪個國家旅行，去哪裡潛水、玩遙控飛機。

後來，他們發現這些行為在孩子眼中是個壞榜樣，只好再重新創業，恢復正常作息，希望給孩子好典範，並且想辦法告訴孩子：「大人工作是很辛苦的！」不過，當朋友把上了中學的孩子帶到辦公室看他工作，他卻又有了新煩惱：「唉！我的孩子說我的工作只要坐在電腦前就可以完成，真是太輕鬆了！」

我聽了哈哈大笑之餘，也警覺到有多少孩子能夠真正體會父母工作的辛苦？父母有沒有將工作的價值與正面意義告訴孩子？

甚至相反的，孩子只聽到筋疲力盡回到家的父母罵老闆、罵客戶，抱怨工作中發生的許多狗屁倒灶的事，久而久之，孩子當然會認為工作是一件令人討厭的事。另一方面，每當放假或可以逃離工作時，父母就一副非常快樂興奮的樣子，難免也會給孩子留下「工作是非常不得已的事」的印象。

我常會懷疑，已逐漸變成社會問題的眾多不工作的啃老族，或是躲在家裡整天上網的宅男宅女，是不是因為從小看多了父母親在不經意中表現出的不當身教或言教？

我認為父母應該要找機會跟孩子聊自己工作的價值。任何工作都對社會有所幫助，甚至對人類的發展有貢獻，讓孩子知道父母每天努力工作的意義，對他們是很有激勵效果的。如果孩子對任何工作都懷抱著正面的態度，不再認為那只是為了賺錢謀生的工具時，也比較容易激發求學或面對社會的熱情。

這種熱情是克服挫折的韌性來源，也是把工作做得比別人好以獲得卓越成果的最大動力。

只有當父母能夠振奮地上班、快樂地分享工作的點點滴滴，孩子才會積極且滿懷期待地面對未來；如果大人整天埋怨、焦慮，跟在旁邊的孩子也會隨之對未來充滿恐懼而退縮。孩子是父母的鏡子，教養孩子之前，大人要先看看自己。

教養，就趁現在

1. 若孩子只聽到父母抱怨工作，或看到父母每當放假、可以逃離工作時就非常快樂，難免會認為「工作是非常不得已的事」，所以，父母對工作的態度一定要正面，才能給孩子好的示範。

2. 父母要找機會跟孩子聊自己工作的價值，當孩子知道父母每天努力工作的意義時，也比較容易產生求學或面對社會的熱情。

因材施教，父母要跟孩子耍心機

農曆春節前後是與親朋好友聚餐的時節，曾經有一年與幾位高中同學聚餐，我們這群老朋友的孩子們大的已上高中、大學，晚生的小孩還在讀小學、國中的也有，東聊西聊話題不知不覺就變成爸爸經。大家互吐苦水之餘，有個朋友忽然感嘆：「記得我們小時候父母親好像完全沒有時間管我們，我們還不是都長得不錯，那麼我們現在究竟需不需要花那麼多心力在孩子身上呢？」

此話一出，立刻引起熱烈的討論，最後大家的結論是：「需要的，在這個時代若像我們父母親那樣不管孩子的話，孩子真的會長得不太好。」因為時代變遷，社會環境除了愈來愈複雜、誘惑愈來愈多，競爭也愈來愈劇烈，現在的確不太容易安安靜靜照著自己的步伐、依著自己的速度慢慢學習與成長。

可是，我看到周遭有許多人，不管是商場上的女強人或是老謀深算的企業家，甚至是表現優秀傑出的老師，這些在工作場合非常能幹的朋友，回到家裡往往用最爛的方法跟孩子互動，不是用直接命令的，就是用訓誡指示，不給孩子自己思考或選擇的空間。

或許大人都認為自己是為了孩子好，所以他們只要聽話照做就好，況且大人自以為見多識廣，孩子不成熟、思慮欠周密，怎麼能讓他們自己做決定呢？可是，當孩子一天二十四小時、一年三百六十五天時時刻刻都在父母的監視下，事

事都被安排好時，即便十八般武藝樣樣精通，難免會成為一個被動又沒有生活熱情的孩子。

記得我的女兒在小學時曾跟我說：「爸爸，那些讀資優班的朋友也都很普通嘛！可是，我發現他們都有一個資優媽媽耶！」因為我讓孩子從小就參加許多社團，她們認識了很多來自其他學校資優班的孩子，「資優班」乍聽之下似乎很了不起，但真正相處之後，會發現他們也與其他人一般正常。特別的是，這些孩子的父母親都非常活躍、能幹，幾乎幫孩子打點好一切，該參加的比賽、該繳的作品，樣樣都有大人的痕跡在裡面。

我覺得孩子小時候確實可以在大人的高壓管教之下學會很多東西，甚至表現得很傑出，可是，在這個變動迅速、知識技術不斷推陳出新的時代，目前所學的很快就會被淘汰，反而是孩子是否對生活充滿熱情並能夠主動學習，才是面對未來的關鍵能力。

我總覺得父母親用嘴巴言語直接指揮孩子是下下策，可是，若必須「管」孩子，又該怎麼管？

我看到不計其數的家長「管」得很認真，卻管出許多親子問題，搞不好還真的不如放牛吃草來得好呢！那麼「管」與「不管」之間，該如何拿捏呢？

這就是家長必須隨著時代變化不斷學習的地方了。我最害怕聽到父母跟孩子說：「我是為你好……」通常這句話一出現，就代表「停止討論，照我的去做」。當然，基於天性，父母是愛孩子的，但是，人世間又有多少紛爭誤解，甚至悲慘的下場都是因為「以愛之名」呢？

然而，當父母虛心地想找書來學習時，坊間多如牛毛的教養書就如同經濟學理論，彼此的看法南轅北轍，令人無所適從。

的確，教養孩子是一種藝術，因為每個孩子的性格與氣質都不一樣，對別人有效果的方法用在自己孩子身上時，搞不好完全沒用，而且輕重鬆緊該如何拿捏，也只有父母自己在不斷嘗試與失敗中才能知道。

雖然如此，還是有些原則應該是共通的，比如說，從改造環境，也就是從結構面來處理，應該是最輕鬆有效的。有一句建築學名言這麼說：「人塑造環境，環境塑造人。」意思是說人有能力選擇環境、改變環境，可是，人一旦住進去之後，環境就會回過頭來改變我們。這裡的環境包括了硬體結構，也就是居家空間的安排等，還包括軟體環境，比如電視、網路這些訊息來源，以及最重要的——孩子玩伴朋友的影響，還有全家人的生活作息與各種習慣。

父母陪伴孩子一定要用心，所謂用心，就是要用「心機」，要懂得謀略，最忌諱不斷用強大的壓力反覆做完全沒有效果的事。

要用心而不要太用力，也只有我們用心思考後，才知道力氣該放在什麼地方。

教養，就趁現在

1. 父母必須隨著時代變化不斷學習，不可以因循舊有的教養方式。
2. 父母陪伴孩子一定要用心機，不斷嘗試才能拿捏管教的輕重鬆緊。
3. 管教從改造環境著手是最輕鬆有效的，除了居家空間的安排，軟體環境也要用心營造，比如電視、網路等訊息來源，以及孩子的交友情況、全家人的生活作息與各種習慣。

有了同理心和溝通力，才能累積真正有用的人脈

目前因為某知名企業老板建議年輕人賺不到五萬元就不要存款，而要把錢拿去培養人脈，引起社會軒然大波，剛好最近幾份暢銷雜誌的封面專題也強調人際關係的重要，主張「認識誰」比「你是誰」還重要，不免讓家長又開始煩惱：該如何協助孩子拓展人脈？

雖然我同意在商業場合的競逐當中，人脈的重要性或許不亞於專業，但是，在孩子尚未進入社會的學習階段，家長應該協助的是讓孩子有好品格、好人緣，而不是像集郵一樣累積朋友名

單，比賽認識了多少人。其實真正有用的人際關係是有好的人緣，也就是朋友都喜歡你、信任你或敬重你，當他們有困難時，知道你願意幫忙，也幫得上忙，或者你有需要時，他們願意挺身而出，這種人際關係才是真正有用的人脈。

若先不管競爭或找工作等現實功利的面向，家長教育孩子的最終目的，不就是希望孩子有個快樂、幸福的人生嗎？如果子女能合宜地展現體貼、仁慈的特質，相信人緣一定比較好，與他人相處也會比較愉快，即使一生成就平凡，也會活得快樂自在。

與人相處的能力內在素質是同理心，外在技巧是溝通能力，也就是表達與傾聽的能力。

表達能力分為「口語表達」與「書寫表達」。家長可以在日常生活中，盡量找機會讓孩子去「辦事情」，給他們跟不同領域的陌生人溝通的機會。同時，在課餘與假日鼓勵他們參加社團活動，讓孩子從小在真實情境裡與別人一起合作，完成任務。所謂素養，就是在生活中養成的習慣與態度，如同本能般反應出的價值選擇，所以不太能用「教」的，只能在真實場域中一次又一次的體會。

書寫表達，也就是作文的訓練，比較容易關起門來練習。不過，依照坊間大部分作文班的操作模式，並不能達到寫作的真正目的。寫作除了技巧之外，應該要有觀點，有觀點才能顯現個人風格，以及對世界的瞭解與認識。更重要的是，作文不該說空洞的話，要說自己相信的話。要讓孩子體會到，作文的真正目的是讓人與人之間產生連結，分享自己的心得，幫助別人，改善世界。

至於傾聽能力，最重要的基礎來自於同理心的培養，有以下二種方法。

方法一：帶領孩子觀察他人情緒。如果競賽獲得冠軍，父母除了共同分享喜悅外，應試著提醒孩子觀察其他參賽者的情緒。孩子經由觀察別人的感受，會瞭解到自己的反應可能對他人造成影響，進而有更柔軟的同理心，並在應對進退間學習顧及他人的

感受。

方法二：陪孩子一起閱讀書籍與觀賞電影。勾起孩子閱讀小說的興趣，或挑選好的電影、日劇，陪孩子一同欣賞，也能培養孩子的同理心。父母得想方設法讓子女喜歡看小說，而且是有深度人性刻畫與情緒描述的讀本，孩子就能藉由閱讀，將情感投射到書中的主人翁身上，感同身受。挑選優質、熱血的電影，陪孩子一起看，是另一個好方法。與子女一起專注地看電影，能讓孩子融入電影氛圍中，與劇中人物共嘗喜怒哀樂，共同面對生命困境的選擇與挑戰，並克服難關。觀賞電影時的情境感受，將成為孩子未來面對真實世界、感受不同際遇的生命（如肢障者、被霸凌者）的同理基礎。

教養，就趁現在

1. 人脈很重要，但在孩子踏入社會前，家長要努力的是讓孩子擁有好品格、好人緣，而不是像集郵一樣累積朋友名單。

2. 表達能力分為「口語表達」與「書寫表達」。對於前者的養成，家長要創造機會讓孩子與別人溝通、合作；後者則是作文的訓練。

3. 傾聽能力的基礎是同理心，可藉由帶領孩子觀察他人情緒，以及陪孩子一起閱讀書籍與觀賞電影來培養。

陪伴孩子，心情要輕鬆，做法要浪漫

一個十五、六歲的孩子以羨慕崇拜的口吻說：「某某人好浪漫哦！」無庸置疑，這是一句讚美的話，但是，一個飽經風霜、世故又現實的成年人說：「那個人真是太浪漫了！」我相信這通常是批評一個人不切實際、天真到有點離譜的地步。

可是，在這個競爭激烈到每個人無時無刻都必須斤斤計較眼前績效、既功利又短視的時代，父母陪伴孩子心情一定要放輕鬆，做法一定要浪漫一點，因為孩子周遭的所有人都只會用現在的表現來評價他們，若連父母也如此，豈不是把孩子逼入毫無喘息餘地的死角？

其實不必由父母親耳提面命，孩子已經有著強大的壓力，全球化競爭與各種壞消息，透過無所不在的媒體不斷恐嚇著孩子，除此之外，學校老師也為了「績效」，不得不以孩子的課業成績來評價他們，當然，還有同儕或輕視或羨慕的眼光像一張掙脫不掉的網纏繞著孩子。

因此，父母一定不要再以當下的成績或成就來讚美或指責孩子，我們要「不切實際」一點，用更遠更寬的視野來看待孩子。

現在的孩子實在已經承擔太大的壓力。女兒高一下學期時，在期末考前忽然嚎啕大哭，我們嚇了一大跳，追問之下才明白，原來她就讀的社會人文班每星期有兩個下午會安排與一般高中不同的課程，在高一下學期，老師邀請了各個著名大學的博士班研究生來分享所就讀的科系內容。

我的女兒對這些傑出的學長姊都會問一個同樣的問題：「你們畢業後打算從事什麼行業？」結果只見每個研究生都很迷惘、

吶吶地說：「也許去當代課老師吧！」「可能會去補習班教英文。」「正在準備公務員考試。」

讓女兒困惑也非常徬徨恐懼的是：「那些學校都很難考，他們的表現已經都很傑出了，為什麼連他們也不知道將來要做什麼？」

是的，高中的課程內容愈來愈困難，女兒已經體會到要進到那樣的好學校，甚至讀到博士班，是非常不容易的，即使如此，這些學長姊也不知道前途在那裡，那麼連大學門檻都尚未踏入的她該怎麼辦？

當時，我安慰她，在現今這個時代，讀大學、讀研究所，不見得就會從事與就讀科系相關的行業，所以，那些博士班研究生不確定將來會找什麼工作也很正常。這不是說讀大學或讀研究所是浪費時間，雖然學校課程的學習並不如想像中重要，因為社會變遷太快，許多行業會消失，也會不斷形成新的行業與需求，在學校所學的內容很快會過時而被淘汰，但是，我們透過在學校有系統的學習，重要的是學會學習的能力，以及研究一門學問的方法與可以使用的工具，並且讓我們有信心也有能力在面對未接觸過的領域時能夠理解，進而創造出新的知識。

孩子似懂非懂聽著，最後，我跟她強調，其實我們不必太擔心現在讀的書以後有沒有用，或者將來要找什麼職業，反而要不斷問自己將來要成為什麼樣的人，自己心中真正的夢想與渴望是什麼才是最重要的。

教養，就趁現在

1. 孩子在外已經要承受許多競爭壓力，父母就不要再以當下的成績或成就來讚美或指責孩子。
2. 父母和孩子都要認知到在學校裡的學習不是最重要的，更重要的是透過在校有系統的學習，能獲得學習的能力，以及研究一門學問的方法與可使用的工具，並且讓我們有信心也有能力面對未來。

輕鬆看待孩子的叛逆，不要費力教豬唱歌

最近因為有個媒體要拍紀錄片，跟著我參加了不少活動。有一次，導演與我私底下聊天時感慨道：「看來你的孩子比較不正常！」

因為他發現我的雙胞胎女兒很喜歡跟著爸媽參加大人的聚會，與他看到的大多數青少年都不同，通常大孩子都不喜歡跟大人在一起，不是板著一張臉，就是躲到一旁自顧自的玩手機，幾乎不可能快樂地跟著不熟識的叔叔伯伯阿姨們聊天說笑。

的確，有許多朋友在孩子進入青春期之後，充滿了困惑與挫折：「這是我的孩子嗎？不久之前那個又甜美又貼心的小寶貝到哪裡去了呢？」

家長們以為孩子被朋友帶壞了，或以為自己在哪個環節做錯了，或者曾在不經意中疏忽掉某些狀況了！

我相信很多時候青少年的叛逆最主要是在反抗自己，是因為自身的徬徨與不知所措而憤怒。我甚至相信這個時代的青少年比以前的青少年壓力要巨大許多，因為這一代的孩子在生理上比較成熟，但是，以前十六、七歲時早已進入社會承擔責任，而現今身體已長大的孩子卻必須像小小孩一樣接受父母保護，甚至乖乖聽話學習，好應付這個變化愈來愈快又愈來愈複雜的社會，所以，青少年的苦悶與壓力，家長應該要設身處地感受一下。

對於這些渾身上下長滿刺的青少年，大人們其實不要反應太快。家長要在家庭生活之外培養自己的嗜好、興趣，抒解自己的焦慮，甚至用幽默的心情來看待青少年孩子的搞怪與離譜行徑。

因為我在許許多多朋友身上看到，當年他們為了孩子煩惱得

白了頭髮，整天長吁短嘆的，可是過了那幾年，孩子還是順利長成為上進有禮的青年。

不過，我相信家長還是會很受不了孩子當下脫序的行為，忍不住會嘮叨，甚至動肝火大聲斥責。多年來，我一直主張父母對孩子要多用點心，這個心是「心機」的意思，要用對待重要客戶或老闆的心情來思考，我發覺許多父母總是以最不經大腦、脫口而出的話來跟孩子對話，反正孩子不像客戶也許會跑掉，他們也不是老闆會把我們炒魷魚。

美國南方有一句俗諺：「不要嘗試教豬唱歌！因為豬會不高興，你也會很累！」在真實世界中，我們當然不會去教豬唱歌，但是，我們幾乎每天都在做一樣的事，明明知道這時候跟孩子講這些話沒用，我們還是要說；明明罵了又罵，每次都沒用，我們還是用一樣的方式在罵。有沒有覺得，我們不就是諺語中所說的人？

假如一個人反覆用一模一樣的方式操作一樣東西，卻希望有

不同的結果，我們大概會認為他一定是瘋了，那麼我們又如何能認為自己「總是」很理智地在跟孩子溝通，卻期待孩子有所改變呢？

當孩子的挑釁行為像一顆子彈朝你射過來時，記得，請不要忙著反擊，就讓子彈飛一下吧！

教養，就趁現在

1. 青少年的叛逆很多時候是在反抗自己，而不是父母，父母要能體諒孩子的苦悶與壓力，用幽默的心情來看待他們的脫序行徑。
2. 要把孩子當作重要客戶或老闆來對待，不要一看不慣就大聲斥責。

不過度保護，孩子才會有解決問題的能力

這幾年常有機會到媽媽讀書會或家長團體演講，偶爾我會丟出一個問題要大家思考與討論：「假如在孩子小學或中學畢業之前，你能夠送給孩子三樣禮物，當孩子收下這些禮物之後，即使往後我們無法再陪伴在他們身邊，我們還是可以很放心地看著他們面對未來世界的競爭與挑戰，你會送給孩子哪些禮物？」

隨後我也補充說明，這些禮物必須是我們在生活中可以操作，也可以檢視孩子有沒有收下來的，當他們收下來後大致上就一輩子擁有了，而且這些禮物應該是無法花錢外包，只有陪伴在

孩子身邊的父母能夠給的。當然，每次討論時答案都五花八門，家長們各有其關注焦點，但令我訝異的是，幾乎都會出現「讓孩子擁有解決問題的能力」這項禮物。

從父母很在乎「解決問題的能力」這點，或許可以推測現在的孩子非常欠缺這個能力，可是，似乎大家又覺得面對未來競爭激烈且不確定的世界，「解決問題的能力」是很重要的。

孩子會面對的「問題」大約可以分為兩個部分，一個是課業知識上的，一個是生活上或與人互動等這類的大哉問。至於家長希望孩子具有的問題解決能力，大約也可以分為兩種，一種是態度，也就是孩子願意去面對問題，也有耐心瞭解問題；另一種是實務的技巧，或能夠利用方法與經驗去處理問題，也就是具體的能力。

解決課業知識上的問題比較簡單，至少孩子在學校或在家裡所謂的學習，大概都是在處理這方面的問題。在家裡，孩子若問我這一類的問題，我一定不會直接告訴她們答案，而是要求她們

①
②
吹風機壞了你修
喔哦
快溜
碰
③
吹風機壞了你自己修
糟了
快溜
碰
④
噫！吹風機壞了我修
碰

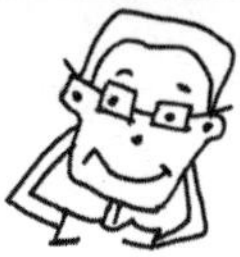

先說出已瞭解的部分，並要她們先猜猜看答案可能是什麼。或者你也可以學習蘇格拉底的方法，反問孩子一些問題，用問題來回答問題，引導孩子去思考。當然，也要協助孩子學會學習的方法，並且建立自己查書或上網查詢答案的習慣。

除了課業問題之外，我相信孩子在生活中的無能恐怕更令人擔心，這也是台灣的學校教育或家庭教育都欠缺的一環。教育哲學家杜威說：「生活即教育。」歐洲許多國家的基礎教育認為教孩子怎麼生活是最核心的目標，也就是在生活中學會知識，也懂得在生活中使用所學的知識。

我相信孩子不會解決生活問題大部分是父母親造成的，因為保護過度，幫孩子做了太多事情，等於剝奪了孩子練習自己解決問題的機會。在埋怨孩子太依賴大人時，父母或許要先自我反省，檢視與孩子的互動，是不是會要求孩子自己的事自己打理？是不是會規定孩子分擔家裡的共同事務，讓他們負責能力所及的家事？

除了日常生活的問題之外，隨著孩子逐漸成長，他們也會面對許多更複雜、甚至他們也說不清楚的問題，而且隨著世界在變，問題也不斷在改變，我們真的無法「事先」讓孩子去練習如何解決問題，這時候，孩子面對問題的態度就很重要了。

我們要讓孩子多方嘗試，在錯誤中學習、累積經驗，有些小挫折，也有些小成功，並學會忍耐，最重要的是，讓他們擁有相信自己也能做到的信心。至於如何創造這些練習的機會，我除了讓孩子參加社團外，在家庭生活中也盡量讓她們表現，比如：全家出門旅行或購物、用餐時，讓她們安排行程、接洽大小事情，我們只站在她們後面，不講話也不干涉，最多只在事前或事後稍作引導或鼓勵。

家長要懂得放手，要相信孩子，這種相信的力量就會建立孩子解決問題的能力。

教養，就趁現在

1. 想增進孩子解決課業問題的能力，就不要直接告知答案，可要求他們先說出已瞭解的部分，或者用反問來引導孩子思考。
2. 孩子不會解決生活問題多半是父母過度保護造成的，要放手讓孩子打理自己的事，以及分擔家事。
3. 希望孩子擁有解決問題的能力，就要讓他們多方嘗試，在錯誤中累積經驗，並學會忍耐，最重要的是，要讓他們擁有相信自己也能做到的信心。

照顧孩子的責任不能只由媽媽承擔

雖然時代不斷改變，但是在養兒育女上，台灣父親的角色大都仍像古代一樣，還是以「背影」出現在孩子的視線邊緣，雖然在實際生活裡許多媽媽還是要上班，照顧孩子、陪伴孩子的責任卻主要還是由媽媽來承擔。

當然，爸爸們有許多藉口，要加班、要出差、要應酬……，總之，往往父親們真心感受到陪伴孩子的重要性時，孩子或許已進入叛逆的青春期，並且有了狀況必須處理了。因此，這些忙碌的爸爸應該要瞭解，我們對孩子會有深遠的影響，不管是正面或

負面，孩子需要媽媽，也同樣需要爸爸的陪伴。

孩子成長過程中，父親扮演的角色是不可或缺的，雖然號稱一家之主的男生常常會自我調侃：「家裡的大事我決定，小事媽媽決定，只是至今為止，家裡從來沒有發生過大事。」然而，從這段話裡也可以看出，男女生對事情的判斷與觀點是不一樣的，這種父母彼此間多元且不同的天生個性，應該可以做為孩子成長學習的參考。

不過，若父親原本很忙碌，在開始把定期回家與孩子共進晚餐排入滿滿的行程前，記得要先做好「重新出現」的準備。因為家人或許已經習慣父親不在家，也都能把自己打理得好好的，這個突然多出來的人一定是在狀況外，千萬要提醒自己不要以「視察分公司」的心態去「垂詢」各個部門現在手上的「業務」，而要以一個「新人」的心態，偷偷觀察「前輩」的動態、習性或喜怒哀樂的情緒。

如果孩子還在小學中年級以下，那情況比較簡單，父親不用多久就可以融入孩子與媽媽之間的小圈圈；若是孩子已進入青春期，就真的要多花些工夫了。

因為中學生的課業實在非常重，為了應付學校老師的要求、同儕之間的競爭與比較壓力，他們已經很煩了，若是回到家突然多一個人來對他們唸東唸西的（家長只用言語關心，在他們看來就是嘮叨），你說親子之間氣氛會好嗎？

那該怎麼做呢？我建議，重新回到家庭的父親可以趁著孩子入睡時，偷偷拿他們的課本來讀一讀，把他們的測驗卷答案遮起來，自己考考看。理解孩子的課業內容是進入他們現階段生活的必要條件，也只有從協助他們應付課業壓力開始，才談得上引領他們面對生命裡的其他挑戰。

當父親真的理解孩子現在最關心的事，以及能感受到他們的煩惱與不安，好的家庭氣氛才有可能出現。因此，父親回家吃晚飯絕不是人在場就好，而要以當初追老婆、寫情書一樣戰戰兢兢的心情與努力來看待才是。

當然，父親不能只有在吃飯時才出現晃一下，也不能晚上待在家裡，卻只是坐在客廳看電視看報紙，這可不算陪伴孩子。愈是忙碌的爸爸，愈要珍惜每個與孩子相處的有限時間，最好能用心安排，一起從事一些彼此都有興趣的活動，從活動中很自然地與子女交流。

若是每次回家時都已經太累，實在沒有精神與孩子積極正面且愉快地互動，一定要偶爾請假，養精蓄銳，安排值得紀念的特別時光或可供回味的經驗，例如：一起探險，或別出心裁的慶生……等。

對於大人而言，忙碌的工作會使得時間過得非常快，不經意中一年一年就過了，但是，對於每分每秒都在成長變化的孩子來說，每個階段都是永遠不再有的時刻，工作可以重新開始，但孩子長大了是無法重來的。

若能夠調整上班時間或起床時間的話，陪孩子上學或許是挺理想的互動機會。有個朋友說，他女兒上高中、大學時，每天早上都由他開車接送，在車上是與孩子相處聊天的最佳時刻，沒有閒雜事務干擾，而且兩人「肩並肩」的相處形式取代了「面對面」的緊張感，在這種情境下，孩子通常也會比較容易敞開心胸。

當然，不只是開車可以創造這種「親密神聖的空間」，一起洗澡、一起洗菜煮飯也都可以，相信只要用心，在忙碌生活中，每個星期安排幾段這樣的時間應該不會太難的。

不要嫌麻煩，愈是忙碌的爸爸，愈要用心安排與孩子互動的時間，可能的話，在日常生活中創造一些儀式性的時刻，每年也要來幾次特別不一樣的珍貴時光。在這個愈來愈商業化的消費時代，再加上社會結構及住家環境也改變了，若沒有特別注意，孩子每天過的日子都會一樣，生活在這裡跟住在全世界任何地方也都會一樣，因此，父母親應該要仔細想想，用心營造一些屬於自己家庭的傳統，這些童年的溫馨回憶，會是陪伴孩子們一輩子最珍貴的財富。

教養，就趁現在

1. 孩子在成長過程中不僅需要媽媽，也需要爸爸，因為父母彼此間多元且不同的天生個性，可做為孩子學習的參考。
2. 原本常缺席的父親要回歸家庭前，要先觀察家人的動態、習性、情緒。可以先理解孩子的課業內容，再慢慢融入。
3. 愈是忙碌的爸爸，愈要珍惜與孩子相處的有限時間，可以一起從事彼此都有興趣的活動，或安排值得紀念的時光或經驗。
4. 營造屬於自己家庭的「傳統」儀式，將能讓孩子有無窮的回憶。

Chapter 3

父女對照記——你的此時，我的當時

錢

偉文爸爸

多年前有一次出門旅行時，老婆不知道哪根筋不對，忽然沒頭沒尾地丟下一句話：「明明你可以賺很多錢，早早退休享福的，卻還是這麼忙碌辛苦。」

我想老婆會有這樣的感慨，大概是因為我不太在乎物質生活，吃什麼、穿什麼、住什麼房子、開什麼車子……。跟朋友去五星級餐廳吃飯和吃路邊攤，我的感覺一模一樣；從來不知道衣服品牌，反正只要合身舒服就行，而且跟鞋子一樣，通常都是穿

破了才會找另一件來穿；至於睡覺也很隨便，我有很多年都是鑽進睡袋睡木地板。

或許因為沒有物質欲望，所以錢賺多賺少對我來說幾乎沒有差別。許多成功人物都在傳記中提到，他們奮鬥的動力來自於希望賺大錢改善生活及受人尊敬，對我而言，這種故事彷彿天方夜譚，虛幻又遙遠。

小時候家裡的經濟雖然拮据，但是，在父母以身作則之下，養成我喜歡閱讀的習慣，書裡的精神世界吸引著我，連帶著也就不在乎現實的物質世界了。

書很便宜，也可以從圖書館免費借到，當書籍是我們生活中最大的享受時，其他需要用錢才能換到的「次等」娛樂就不再是那麼重要了。

這也是我結婚生子後最想給孩子的禮物，讓她們體會閱讀的樂趣，降低物質欲望，從而解放「金錢」在資本主義時代給人類的束縛，回到「錢」的真實價值——幫我們實現生命意義的工具，不讓賺錢宰制了自己的生活，甚至變成了生活的目的。

A寶

這是我們從未正式談論過的主題。

我們從沒拿過零用錢，過年的紅包一律立刻存入銀行，小時候，如果錢包裡有超過二百元，就會戒慎恐懼。在金錢的使用上，我們目前大概還在幼稚園階段吧！

我們沒有零用錢，但家裡有個「聚寶盆」，缺錢時可以隨時從裡面拿錢。不過，就像國外青少年十八歲成年以後就要為自己的生活費負責，聚寶盆在我們入大學後即宣告「關閉」。爸媽沒有刻意教我們金錢觀，但是，他們選擇相信，放手讓我們摸索如何使用金錢，並默默以身教感化我們，無形中讓我們培養了屬於自己的金錢觀。

從小，就常看到爸媽親自參與捐款行動，把我們帶到醫院的兒童病房當小志工，或到荒野保護協會接觸出錢出力的志工，從

爸媽身上，我們看到金錢的意義——施比受更有福。對於日常開銷，他們很節約，但對於捐款，他們總是樂於付出。也因此，中學時，我們的專欄有了固定稿費，爸媽就鼓勵我們捐出一半認養家扶中心的小孩。錢很重要，但更重要的也許是把錢用在「真正有意義的事情上」吧！

對於金錢觀，我倒是從妹妹身上學習到一些事情。認識妹妹的人都知道她在金錢使用上是非常矛盾的。她會為了節省牛肉湯麵與牛肉麵三十塊的差額中選擇前者，令一起吃飯的朋友詫異我們怎麼會吃不起牛肉麵？東西太貴自己不買就算了，她還白目的在店員面前說「這太貴了，不值得」，連筆記本的價格也要計較，一旁的店員只好尷尬微笑。但是，她可以為了「大事」豪邁花錢。進書店不管書多貴，只要她看上眼的一定買；出去旅遊時，一旦有欣賞表演展覽、參加活動的機會，她不管三七二十一先報名再說。比起我們常常要反覆思考花那麼多錢的價值，這些情況下，她反倒毫無煩惱地花下去。

以前，我覺得她很奇怪，「大錢豪邁，小錢吝嗇」這是哪門子的道理？後來發現，她對「投資自己」的花費非常慷慨，對於日常消費則精打細算，現在的我也開始效法她了！

B寶

「剛剛給妳的一百塊呢？一定不見了。快點找，到底放哪裡？」姊姊氣急敗壞地扯破喉嚨，又急又煩躁地對我噴火發飆，我則滿臉無辜又滿不在乎地翻翻口袋拉鍊，敷衍幾句：「對啊！不見了。對不起啦！」「什麼？妳就給它這樣不見，我明明剛剛拿給妳，有沒有？妳說。妳現在就給我找到，不然……不然……我就告訴媽媽。」這一幕常常在我家上演。

真的弄丟了也沒啥好說的，擱在心頭也不是辦法，我想。從這裡就可略知，我不是很愛丟錢，只是不那麼在意錢。

到目前為止，我要買什麼、做什麼都可以直接向爸媽伸手要錢，平常沒有固定的零用錢，過年的紅包都是交給爸媽全權處理，總之，完完全全沒在管錢，只顧著拿來花。哈哈！看到我們對待錢如此隨興，是不是很令人羨慕？這算是我們和爸媽建立的「默契與信任」吧！爸媽從不擔心我們亂花錢，因為我們不愛逛街，花錢的地方除了吃飯、交通費，就是買書。他們還怕我們太節省，吃飯吃得不夠營養或懶得吃飯，所以，有時候我們的「行動ATM」還會自動吐錢。當我們的消費行為讓爸媽安心後，定期要給爸媽過目的記帳本、發票、收據等就都不必了。

「哎呀！這個全科班就幾萬了，如果再上英文又是一筆錢，還是不要兩個都上好了。」聽到同學為錢所苦，我不禁脫口說出爸媽常掛嘴上的話：「先別考慮錢的問題，要看看到底對你有沒有實質幫助。」「什麼？怎麼能不考慮錢！這是個大問題啊！我爸媽也要我不要亂花。」

一直以來，爸媽都認為在能力許可之下，能夠讓我們有所

「學習成長」的，不管是補習班、營隊、活動、旅行……，都大力支持，有時候反倒是我們比爸媽還錙銖必較，我也曾經有過和同學一樣的掙扎。媽媽說：「不要管學費，只是去數學補習班問問題也沒關係，能夠有收穫最重要。」但是，我很不想讓補習班就這樣白白賺我的學費，我又沒有要上課，只是想問問題，才不想交那麼多錢。

一開始我很堅持不去補習，後來，爸媽特地搬出三十年前台大校長孫震說過的一段話，給我當頭棒喝。孫校長看到當時年輕人打工蔚為風氣，感嘆道：「我們總是把錢在最高價值的時候存起來，然後在價值最低時花費，而錢的價值其實隨著年齡而降低。」

爸媽並沒有明言哪個工要打、哪個工不要打，只說：「妳能學到東西嗎？」若是受到經濟壓力逼迫而非得打工不可，那沒辦法，在這裡就先排除這類情形；但若是為了賺得供自己任意花用但為數不多的錢，而投注大量時間在沒有相對收穫的打工上，那

爸媽是投反對票的。

趁著記憶力最佳、學習力最強的時候，應該把時間精力拿來學習，而非賺錢（若兩者兼顧當然更好）。現在充實自己，讓自己更有能力，遠比身懷巨款更值得。

除了打工，爸媽提醒我們「實習與做志工」是值得嘗試的，這兩者都能夠當成自己的養分、燃料。實習、做志工與打工概念很像但動機不同，前兩者主要以學習為目的，而後者則是以賺錢為主，以學習為輔。當錢不是首要考量，會得到遠比錢更值得珍視的學習成長。如同曾有研究調查發現，讓人最快樂的事情是「成長」，而錢很難買到這種快樂。

總而言之，感謝爸媽一再用荷包證明：好好花錢「投資自己」，不要吝嗇！

寂寞的十七歲

偉文爸爸

我十七歲時，台灣正處於戒嚴時代，也就是現今所謂的白色恐怖時代。高二上學期末，雲門舞集「薪傳」首演，許多建中同學被老師找去當執火把的臨時演員，很巧的，就在當晚，傳來中美斷交的消息。之後，有些人擔心台灣變成被國際遺棄的孤兒，甚至害怕被大陸「解放」，便匆匆變賣資產移民到國外，原本如火如荼的立法委員選舉也停辦。不久後的元旦，有許多民眾到總統府前參加升旗典禮，這算是台灣首次民眾自動自發的大規模愛國運動吧！

所以，我的「苦悶青春」，也是原本理當寂寞的十七歲，不知不覺也與國家民族的命運連結在一起了。

那是一個理想正在燃燒的世代，物質雖困窘，社會雖滯澀，人民視野極其有限，但是，有點像是山雨欲來風滿樓的情景，民間那滿漲的力量蓄勢待發，每一個人想到未來都充滿了熱情，眼睛散發著光芒。

十七歲時，在我就讀的高中，最熱門的校園社團不是山地

服務隊，就是慈幼社或登山社，當然，我投入的童軍團也非常蓬勃，單單建中行義童軍就有四團，成員多達數百人。當時，報導文學這種結合文學與新聞寫作的形式剛興起，也令我相當著迷，差一點就選讀社會組了。後來，因為自覺才華不夠，另一方面也是勇氣不夠吧！我還是選擇讀醫這條傳統老路，不過，當時剛得到諾貝爾和平獎的史懷哲醫生是我們的偶像，我也想效法他到偏鄉去幫助受苦的人。

撫今追昔，不免感慨當年的封閉與限制反倒讓我們不會自怨自艾，而會想突破。如今做什麼都可以，少了要打倒的對象，沒有了更大的關懷，人們反而困在自己的小世界了。

A寶

我從來就不愛發思古幽情（只有考作文時會裝一下），也跟文青扯不上一點關係，雖然共處同一個屋簷下，我和妹妹的十七歲截然不同。翻開妹妹十七歲的行程表，哇！壯觀無比，裡面充

滿文藝氣息，不是要聽什麼演講，就是預計要看什麼書、電影，並且平均每隔一週就要宣布她的新計畫，像是「早起讀英文計畫」、「中午跑步計畫」等。我也會熱情配合演出，只不過她通常是有很多理想，但最後都成了幻想。反觀我十七歲的行程表也是很豐富，讀書、考試、報告、享受生活排得滿滿的，不過，就是多了一層「灰色」。怎麼說呢？可能是所謂的「寂寞的十七歲」吧！

為什麼十七歲這麼重要？十七歲在寂寞什麼？我觀察周遭的同學朋友，也觀察自己，發現了十七歲可能的憂愁——憂心命運不能掌握在自己手中，卻又無力抵抗體制；想要脫胎換骨，成為一個更好的自己，卻對要成為的樣子毫無頭緒。十七歲這個半大不小的年紀，可能還沒有從考試裡得到成就感，卻在這個很苦悶的教育體制裡游到快滅頂。當夜深人靜或屢屢在課業上得不到滿足感時，我的寂寞十七歲模式就會啟動，不過，往往這時會漂來幾根名為「朋友」、「閱讀」的漂流木，幫助我吸幾口氣。

我很高興能有這些快要滅頂的經驗，讓我的十七歲在充實之中有更深刻的體會。

B寶

還記得要從國中升上高一的暑假，我們早早擬了嶄新的生活法則。這個「新生活運動」的內容包括：要一改國三夜讀的不正常作息，達成那最平凡卻永遠難以辦到的六點鐘準時起床，每天要騎腳踏車繞後山一圈，閱讀兩小時，運動兩小時，晚上十點床上躺平。兩個士氣昂揚的夢想家任憑早摸透我們的媽媽嗤之以鼻的笑看，等待我們的夢醒時分。揮別「危險心靈」的桎梏時光，我們可是要邁向「擊壤歌」的夢幻和「迷路的詩」的絢爛歲月，得有一番新氣象呀！我和姊有志一同地不理媽媽的預言。除了對規律生活帶來充足活力的興奮痴想，和新生活運動的兩大元素——閱讀與運動，空得很不真實的暑假也要想盡辦法用營隊、志工活動、旅行填滿。

此刻距離十七歲也有一段日子了，已記不得那些一點一滴改變我生命價值觀的活動發生的確切時間，也記不得是何時與那些可愛可敬的人們相遇，只記得十七歲的我大概不是忙著計劃生活，就是忙著實現計劃的生活，進出一場又一場流動的饗宴。流動是因為人與人的交流互動，饗宴則是指心靈受到衝撞激盪而帶來滿足。十七歲的我，忙著學習，忙著探頭進入一個個未曾涉獵的領域。高中生活的新鮮感持續了一陣子，學姊學妹制讓整個學校團結一致，零食爆多的合作社及熱食部的高熱量誘惑快贏過我對7-Eleven的忠實，和好友耍文青跑藝文展覽、藝術館、博物館、演講，揪團當志工順便把分散在各校的好友抓來聚一聚，爸媽的放任加上我無可救藥的樂天，因而新鮮大膽的來個不及格初體驗，甚至讓讀書在充滿樂趣的小高一氛圍中也成為一種有趣的活動。

十七歲，小高一，正向外拓展，沒有作家深刻的內心獨白，少了翻譯為成熟的寂寞，但我衷心感謝這一點也不寂寞的十七歲。

時空跳回那個列出一長串閱讀清單的暑假，當時，我們煞有介事地配合即將到來的現實——我們要十七歲了，翻出了一本書皮已蜷曲的《寂寞的十七歲》。然而，正如老爸所料（每次只要我們有大規模翻書搬書的怪異行徑，老爸就會用狐疑的眼神摻點對愚公移山精神的基本尊敬，暗示我們克制一點），十七歲的生活太熱鬧，熱鬧到沒有「寂寞」的容身之地。直到開學，超棒的國文老師旁徵博引，帶我們超越課本，深入文學堂奧，於是，白先勇又出現了。我竊喜自己早已準備好一本《寂寞的十七歲》，正好拿來惡補一下，沒想到回家翻箱倒櫃，才發現它鬧失蹤鬧孤僻去，不見了。一直到高三快畢業時，我為了迎接下一個嶄新的大學生活展開大掃除，將書櫃裡的書本全部解構再建構新秩序，才又在書櫃最底層的一角，挖到更蜷曲更滄桑的《寂寞的十七歲》。

寂寞被冷落了三年，也該是好好正視的時候。雖然到現在仍

不明白白先勇的十七歲在寂寞什麼，但我猜測那應該是一種與自己對話的歷程。寫這篇文章的三天後就是大學的開學日，遲來的寂寞襲捲而上，我覺得該是自己好好想清楚要過什麼生活的時候了。寂寞，是沒有人與我承擔自己做的選擇，但也正因寂寞，才能孕育出許多不同吧！

入伍訓

偉文爸爸

據說台灣過些年就會從徵兵制改成募兵制，很可惜的，我們又將失去一項全民的集體記憶了。

在每個男生都必須當兵的年代，每個家庭都會有役男，每個女生都會有兄弟或家人曾當過兵，這一段軍中生活絕對是每個人津津樂道的回憶。

當兵分發在不同軍種或不同連隊，際遇是天差地別，幸好有入伍訓，不管你有什麼家世背景或運氣好壞，人人皆平等，在階

級井然的軍中世界，入伍生是最低等的生物，必須時時刻刻戰戰兢兢面對這個陌生而可怕的戰場。

B寶放棄私立大學醫學系的錄取資格而選擇國防醫學院醫學系，得到鳳山接受兩個月的入伍訓。從她寄回家、有編號的新兵日記中，我發現新兵入伍訓的方式與我當年上成功嶺幾乎一樣，三十多年如一日，在這個變化迅速的數位時代來說，真是奇蹟啊！

B寶的新兵日記超幽默，句句都讓A寶與媽媽捧腹大笑，儼然是暑假中她們最大的休閒娛樂！（好殘酷，別人的痛苦成為自己歡笑的來源！）不過，說真的，當下許多荒謬與痛苦，事後回顧都是難忘的經驗，重點在於當下你要忍耐，要平安度過。因此，若能學會隨時將靈魂脫離自身，以超然角度看待當下處境，那麼對於軍中生活就能調適得很好。

B寶剛入伍時，我送她八字箴言：「外表嚴肅，內心輕鬆」，剛開始她不太能體會，常常不小心露齒微笑，當然就經常被班長修理；後來，她掌握到訣竅，常常聲音宏亮、態度莊嚴地把「報告班長」掛在嘴上，從此就無入而不自得了。

我自己的軍旅生活也是這樣，戒嚴時代在馬祖戰地服預官役，很快就知道只要長官交代什麼就做什麼，不用想太多，趁機放辛苦多年的腦袋一個難得的假期，就能過得很愉快。我退伍前甚至還榮獲馬祖優秀義務役官兵代表，回台接受國防部表揚呢！

A寶

妹妹結訓後返家，在家裡跟爸爸、舅舅三人興奮聊著當兵生活。年代不同，當兵的辛苦程度今非昔比，但是，同袍緊密的革命情誼是不變的。看著兩個已過半百的人異常興奮地回味，並和一旁變得像男生的十八歲準大學生妹妹談天，這個畫面讓我覺得溫馨又羨慕。

從旁觀者的角度看妹妹這次入伍訓，驗證了一句話：「盡力就好，神會安排你到你適合的地方去。」只要不要廢，神不只會

帶我們到適合的地方，也會讓我們體會到一些之前無法想像的事。

妹妹之前的行程總是很滿，而且最受不了有人浪費她的時間。從小至今，她哭的次數不超過十次，每次哭的理由就是時間被白白耗費掉了。這在我眼裡是一件非常奇怪的事情，因為我和她相反，時間在我手中呼嘯而逝，我也不會有感覺。

妹妹每天按表操課，非常老實地讀書，就是為了換得晚上睡前能有半個小時「享受人生」。原以為這樣的她參加入伍訓後會鬱鬱寡歡，因為入伍訓要聽從指示，是沒辦法自由安排時間的，頭腦可能會一片荒蕪。沒想到，她歡喜接受，並從中悟出一些道理。她在家書裡，反思自己以前執著的毛病，經過兩個月的反芻，終於體會到有時候也要做一些「看似浪費時間」的事，並能換個角度看待這件事情，變得更成熟與豁達。

妹妹在這個暑假經歷了「入伍訓」的洗禮，雖然說不上脫胎換骨，但也成長了不少；而我，則經歷了一趟「心靈上的入伍訓」喔！八月時，我很幸運地進入雜誌社實習，每天朝九晚六過得十分充實。收穫最大的可能不是外在學習到的事物，而是親自感受到比較接近心靈層面的「價值觀」。在這裡，我看到雜誌社每個人都非常努力讓每天的自己比昨天更好，對自己的工作抱持熱情，同時非常務實、專注、堅持且擇善固執，我期許自己以他們為榜樣。

《安藤忠雄：我的人生履歷書》中有一段話：「我沒工夫去管什麼學歷或職業，我只在乎這個人有沒有努力活著。」我們都要努力活著，並且讓自己不斷接受人生入伍訓的洗禮！

B寶

等我髮蒼蒼眼茫茫，回頭以過來人身分鼓舞學弟妹撐過入伍訓時，絕不會以麥克阿瑟將軍的名言開頭：「若給我一百萬叫我再受一次入伍訓，我不要；但是若給我一百萬交換我入伍的回

憶，我也不要！」初次聽到這句話，確實有幾分震撼，但當它成為長官致詞必說的開場白、入伍生都聽到能朗朗上口時，不免沖淡了應該由我們自己親身體會的苦後回甘感。儘管，我同意。

入伍訓已不如往日令人聞之色變，但仍保有一些百年不變的基本原則——「服從」。在這個創新、講求個人主義、多元的新世代中，服從格外困難，現在連雞毛蒜皮的小事都可以因為大家意見相左而僵持、停擺。軍中說一是一、不容置喙的文化雖然相對僵化，卻有種獨樹一幟的帥氣！「排隊、報數、數人頭、集合」迅速確實，是我深深佩服的地方，雖然一開始是罵出來的成果，但漸漸的大家就習慣了，也明白而愛上這種高效率的方式。排頭清查人數、回報、排面班報數、連橫隊、連講話隊形、連縱隊……讓一盤散沙般鬧哄哄的烏合之眾快速到定位，是多麼賞心悅目的儀式。就連最難纏的「對腳步，手臂打直，前擺四五後擺一五」，即使身在其中相當不願，但只要和其他部隊擦身而過，看到他們整齊劃一的動作，就會不自覺地愉快舒暢起來。

陸軍官校班長各有其獨特的帶兵風格，我的班長曾在休假時寫了一封信勉勵所有班兵，其中有段文字讓我在平日操課、集合、發呆時，腦袋都有得忙。她寫道：「陸官像是座寶山，每個人因為不同原因來到這裡，入伍訓已經過一半了，該要想想有沒有找到你的寶藏了呢？入寶山豈能空手而回？」入伍訓的軍事課程固然新奇，但入伍兩個月，我最大的寶藏是同伴們迥異的生命故事。有些人因為金錢壓力、父母壓力半被迫地就讀軍校，讓我看到自己有多幸福；有些人重考、轉系、轉校，甚至都讀完大學了，才在為圓夢而就讀軍校，讓我眼中原本狹隘、不容變通的升學路變得寬闊。人生沒有所謂無用的經歷，它們都一點一滴的刻劃出我們現在的面貌。

軍中生活儉樸有規律，是當代「原始人」的諾亞方舟。活在營區外面有便利商店、咖啡店、美食街等種種誘惑，有 wi-fi、網路、熱點的致命吸引力，想要簡單生活都很困難，而軍中只有你與你忠實的鋼盆鋼杯。你會發現一天真正的生活所需很少很少，

你開始很專注地投入「活著」這件事，每天生活的重點不外乎行軍、吃飯、上廁所、洗戰鬥澡、睡覺。這是很難得的一段日子，能夠吃飯啥也不想就單純吃飯，洗澡也是專注搓揉身上的污漬臭汗，你得活在當下，分秒不差，否則就倒大楣。

一樣臭的草綠內衣、一樣悶的迷彩服、一樣磨腳的大頭皮鞋、一樣的考驗……規格化的同時，弔詭的是，反而更能看出你與其他人的不同。沒有外在修飾，每個人的個性、習性、怪癖通通跑出來，我發現我的頑強、無入而不自得原來真的是一種天分；我發現自己比想像中健康，除了自信之外，更要感謝在荒野裡打滾的童年；我更深刻發現自己的冷血個性，想家一直都不是讓我困擾到無法入眠的大事，也不是打電話回家的原因（我都反問家人有什麼好玩的，有時單調一致的生活也需要外面世界的一點源頭活水滋潤）。

「沒有無聊的時刻，只有無聊的我」，在看似無聊、沒做什麼「有意義」的事的基本教練、排隊集合時間，我突然頓悟這點。

外在軀體雖被局限，但腦袋裡的思想仍可以自由飛翔，在打掃空檔，我開始趁機和同伴們做起「語言交換」——用英文換台語；在刷盤子、倒垃圾時，可以沉吟名言佳句；排隊、列隊行進時，正可以好好欣賞藍天與星空。很多事可以做呢！只是沒發覺罷了。

在入伍訓當時最重要、要測驗考試的打靶、槍枝分解、武德教育、口號，毋庸置疑地，事後都將會淡忘，但入伍生活的簡樸習慣、領悟與結交的朋友，永遠將會是我的一部分。

兒時記趣

偉文爸爸

我的原生家庭有四個兄弟姊妹，以當時的家庭生育數來說算是中等，不過，因為我是么兒，與哥哥姊姊的年齡有點差距，印象中沒有太多機會玩在一起，反而是上小學前整天跟在媽媽屁股後頭，乖乖地看著她煮飯、洗衣服。

在那個時代，沒有電腦，沒有電玩，連電視機才剛剛發明，幾乎沒有什麼電視節目可以看，主要的娛樂除了看課外讀物，就是與鄰居小朋友玩耍。除了一二三木頭人、跳房子、扮家家酒等有點女性化的活動之外，男生大部分是分組玩「殺刀」這類的戰鬥遊戲，或者打玻璃彈珠、玩尪仔標等有點技術性的比賽。

小時候住的萬華是台北市最熱鬧的地區之一，即便如此，住家附近還是有些荒廢的空地足供我們小孩子冒險，偶爾也會去灌蟋蟀、抓金龜子來玩。經常玩的還有踢空罐、過五關，人數多一點時，也會分組玩棒球。紅葉少棒隊、金龍少棒隊、巨人少棒隊及威廉波特世界少棒大賽等，也隨著成長，成為生命的一部分，更是我們這一代的集體記憶。

在那個單純的年代，只有三家電視台和少數報章雜誌等資訊來源，每個人的生活經驗都差不多，也因此擁有共同的回憶，這些童年往事都充滿了和周遭玩伴真實互動的感情。

有時我不免會想，現在的孩子課餘的時間多半都是坐在螢幕前，不是電視、電腦，就是手機，已經很少有跟鄰居的孩子在泥地裡流得滿身大汗、玩得髒兮兮的機會，這是一種進步，還是許多美好經驗的遺落？

A寶

如果說我的中學生活因為充滿考卷與考試是黑白的，那麼我的童年生活是綠色的，因為我總愛往大自然、往外頭跑。

小時候，粗枝大葉的我一直學不會綁頭髮，頭髮不管怎麼綁都歪歪亂亂的；而妹妹像個大家閨秀，手很巧喜歡做手工，畫畫也很在行，綁頭髮對她來說是小事一樁。所以，不會自己綁頭髮的我慘遭剪髮令，妹妹則可安心地「蓄髮」。那時的我們簡直像是「龍鳳胎」，還記得到公共場合上廁所時，我們一起走進女廁，我常感受到異樣的眼光。

妹妹在她的文章裡提到，小時候沉默恬靜的她被「外力加工」大大改造，進化得敢說、敢表達意見。回想起來，我也被外力無形加工過，兒時的遊戲時光便是改造我的外力。雙胞胎個性大不同，妹妹很淡定，對諸事「無感」，因此常常退讓或原諒別人；我很喜歡據理力爭，不管是有理無理都要力爭到底，更慘的是，那時我總是「願賭但不服輸」。還記得有次跟表哥玩遊戲，我輸了之後竟然嚎啕大哭，還非常不服氣地大吵大鬧，惹得表哥好一陣子不再跟我玩，跑去找溫柔可愛的妹妹。

經過一次次遊戲、一次次輸贏，我花了很多時間，也吃了很多教訓，才慢慢瞭解到輸贏並不重要，過程中大家都能留下美好回憶才重要。在大自然中玩耍的同時，我的內在也變得更開闊，回過頭看，這些都是「兒時記趣」帶給我最重要的禮物。

不過，現在的我們又恢復成「龍鳳胎」，只是角色對調了。妹妹入伍後剪了短短的頭髮，不僅外形像男生，還一改以往的嬌柔甜美，變得爽朗豪氣；而我則留著長髮，變得更善解人意。我們的人生到現在才短短十八年，就有這麼大的轉變，真有趣！

B寶

兒時記憶多半充盈著沒來由的快樂，或是簡單的快樂。一根繩子就能在幼稚園的小斜坡當一整個夏天的泰山，一個輪胎擠上

兩、三個人來來回回就這樣滑掉好幾年的陽光午後，物質有限，樂趣無窮，是現在的我回顧兒時最佩服自己的地方。這些趣味來自內心，主觀營造一場又一場的奇幻冒險之旅，有時候我真的很想回到那段容易快樂的時光。

有人說人的奇特本能是將痛苦回憶快速淡忘，或轉化為朦朧的美感，而快樂記憶長存。記憶力奇差的我，常得靠著爸爸媽媽和很愛懷舊且對往事有驚人記憶力的姊姊幫助，才能拼湊出從前種種好笑好玩的自畫像。在屈指可數的幾個常被拿來茶餘飯後回味的笑話中，有一則特別鮮明，也值得「趣」談。

在我們小時候，媽媽滿雞婆的，熱心地在學校推動「愛心家長晨光時間」。有一次，媽媽主動而興味盎然地暢談她跟另一位媽媽通電話的內容，一邊怪怪地盯著我瞧，問我今天在學校是不是出了什麼狀況。那個特別有愛心的媽媽很憂心又緊張地如是說：「今天要小朋友背唐詩三百首，我說會背的上台有獎勵，一開始只有一、兩個人自願上台，接著前幾排同學也很興奮地跑上去，最後全班四十幾個人都湧上小小的講台，甚至人多得小朋友都快被擠下台。背唐詩的活動非常成功，大家反應超熱烈，我從沒看過這樣的奇景，更奇怪的是，獨獨有一個小孩文風不動，死也不上台。我們怕她難堪，還用餅乾糖果獎品想哄她上台，她依然不肯，死定在椅子上，場面很淒涼啊！全班都反過來盯著這個沒上台背唐詩的小朋友看，最慘的是，那個小孩是妳女兒啊！」

「妳為什麼不上台呢？」我也不知道哪來的膽怯，又或者是另類的勇氣，為什麼這麼不給我媽這個活動發起人面子？為什麼膽小到全班都陪我上台我還不敢上台的程度？回想起來就覺得超級糗，又不敢置信自己堅持得那麼自在。好吧！我承認當時應該沒有聰明到要故意跟別人唱反調，最可能是真的很怕上台吧！大概沒有人有這麼糗的 stage fright 經驗。

口語表達班、演講比賽、相聲比賽、國高中報告轟炸、金車與崇友文教基金會分享會，以及畢業後自告奮勇到母校分享高中生活，經過許多的鍛鍊、許多硬著頭皮勉強上的戰場，經過這

一路上違反天性的「加工再造」，我變了。當我跟同學形容我姊個性和我差異極大，她很外向，同學馬上冒出一句話：「那還得了，妳這樣算是內向，那妳姊是不是過動？」

我相信人的個性是天生的，就像明明是雙胞胎，我姊就超火爆，而我超淡定，但因為這超糗的過往趣事，我也相信人的個性是可以被修改塑造的。

偉文爸爸

小學時家住萬華，我就讀當時全世界學生人數最多的老松國小。因為戰後嬰兒潮，新的學校來不及蓋，所以現今只有六百多人的老松國小當年擠了一萬多人。

因為學生多教室少，一間教室由二個班級使用，我們上課時還分上午班跟下午班，換句話說，輪流一星期早上上課、下午放假，另一個星期就是上午沒課，下午才去上學。在那個沒有補習也沒有電腦電玩電視的童年，幸好有課外書陪我度過一個又一個

獨自在家的漫長時光。

其實那時候圖書館很少，且離住家很遠，通常要大人陪著去，一次又只能借二本書，非常不方便。幸好在學生時代我總是當班長，那時候的班長很有權威，我常利用「品學兼優」的好楷模身分，獲得同學父母的歡迎而登堂入室。

一到同學家，我就立刻檢視他們全家的藏書，先分成兩堆，一堆是我看過的，另一堆是我沒有看過的，然後囑咐同學隔天開始，每天帶五本書到學校借我，我也會把前一天看完的五本書還他。等到那位同學家的書都看完之後，我就再去拜訪另一個同學家，如此周而復始。

等全班同學家都去過之後，我再拜託他們引介我認識別班的同學，然後依樣畫葫蘆。這是我對圖書館資源匱乏、自己又沒有錢買課外書的自力救濟之道。

或許因為那個時代不像今天有滿坑滿谷的書，沒有辦法選擇，只要是書都來者不拒，養成了現在雜食、任何領域的書都看的習慣，而且因為書的難得與珍貴，我特別珍惜看書的機會。

自從當了父親之後，我最重視也視為最重要的教育目標，就是培養孩子喜歡閱讀的習慣。

總覺得童年時父親下班就沉浸在書本中的背影，是他給我的最珍貴禮物，當時即使過著買雞蛋都是挑較便宜的破蛋的拮据生活，父母還是會省出一點點錢讓我們到牯嶺街的舊書攤買書。

近年來，世界各國都深深瞭解到閱讀能力的重要，所以都很積極提倡，不過，也許大人太重視閱讀了，把閱讀看得太神聖，也視為重要能力的養成，甚至變成學習課程，結果往往適得其反，無法讓孩子自在地享受閱讀樂趣。

而且父母親的親身示範很重要，假如父母整個晚上都看著電視，卻叫孩子進房間讀書，或者孩子不乖闖禍了，父母的處罰是：「進房間讀書，三個小時不准看電視。」孩子無形中就會認為讀書是處罰、是痛苦的，於是就離書本越來越遠了。

我家在孩子出生之後就把電視機送走，家裡沒有電視機之

後，多出了很多親子互動、親子一起學習的機會，全家也可以安靜進入書中的美好天地。

若是孩子從小看見父母有空就陶醉在書裡的世界，家裡也有適合他們年齡閱讀的有趣書籍，不必我們「推動」或用言語訓誡，孩子就會跟著我們愛上閱讀。

要養成孩子閱讀習慣還有一項很重要的條件，那就是讓生活中沒有線上遊戲或手機、電腦的誘惑，同時要想辦法讓家裡到處都是書。有了孩子之後，我們夫妻倆回到家就不會碰觸任何電子產品，不使用電腦，不會打電話，要看影片也是全家人一起用單槍投影機專注地看，然後討論與分享感動。

記得台灣最早推動家庭電腦教育的詹宏志先生曾提醒：「十歲以前的孩子不要讓他們碰電腦。」我想這是因為太早就習慣電子影音聲光刺激，之後就不容易靜下心來進入純文字的閱讀世界。

的確，現代社會有太多令孩子分心的事物，有太多有趣的消費商品來誘惑孩子，在這個時代，要吸引孩子喜歡上文字閱讀越來越困難，因此，我們要改變標準，只要是一本一本的書，不管是漫畫、羅曼史或神怪傳奇故事，都應該歡迎孩子閱讀，之後再耐心找機會引導他們轉換到較有內容與質感的小說。

這十幾年來，我一直是個好奇也愛玩的人，參加許多社團，在非本業的事物上耗費了許多心力，興趣或關注的主題隨著生命歷程而轉移，但始終沒有改變的是對閱讀的熱情。

閱讀使我對身處的世界保持「若即若離」、「既出世又入世」的態度。因為書，我願意投入紅塵奉獻心力；也因為書，我可以逃回精神心靈的世界，與世無爭，自得其樂。

我很慶幸從小有機會體會到閱讀的樂趣，從此不管世界如何變化，遭遇幸或不幸，都能保持平靜喜悅之心。在這個即使再優秀再努力都會有挫折的一百分失敗者的時代，一個喜歡閱讀的人真是幸福，因為他可以在書中找到安身立命之處，覺得人生還是美好的，值得好好活下去。

A寶

三年級，是我第一次閱讀的年紀，我指的是閱讀那種兩、三百頁有厚度的書。第一本書是九歌出版的《雙胞胎行動》，現在這本書已微微泛黃，但仍被我珍惜地擺在書架上頭。

《雙胞胎行動》寫的是一對默契十足的雙胞胎姐妹茹比和嘉妮的成長故事。我在這對虛擬雙胞胎身上看到我和妹妹的影子，那是我第一次領略書的魔法——不僅能帶給我歡笑，也能讓我體會不曾體會過的愛恨情仇。

可能是所有雙胞胎的共同經驗吧！我們曾發明一套只有兩個人理解的語言，因為這樣評論人物比較方便；也曾研發自以為帥氣、其實外人看起來幼稚無比的手勢。書中的雙胞胎也和我們做了相同的事，更有趣的是，我和書中的茹比一樣，愛講話不那麼文靜；妹妹則是嘉妮的真實版，喜歡安安靜靜做自己的事。看到這邊，我就已經驚訝得說不出話了，沒想到書中姊妹倆的遭遇跟我們十分類似。書中兩人競爭著只有一個名額的報名機會，那時我們也正好在競爭同樣的活動機會，結果，我和茹比皆名落孫山。

書裡，茹比吸取教訓並改善自己；書外，這本書給了我好大的力量，在這本書的陪伴和潛移默化下，我也修正自己，並從此愛上閱讀。

B寶

每次出門，我都會在背包裡放一、兩本書，即使只是去巷口的捷運站等人，或是搭二十分鐘的公車去上課，只要有書在背包裡就會感到無比安心。會有這個習慣，一方面是為了減輕通勤、等待的無聊焦躁，另一方面是覺得世界上好書太多了，不利用各種零碎時間閱讀，實在太浪費了。因此，每次看到公車、捷運站裡的乘客兩眼呆滯望向前方，或百般無聊地滑手機，我總不能理解。

家裡平常不會買昂貴奇異的裝飾品、首飾等，但只要到書店買書便是好幾千元起跳（感謝台灣的書籍相較於外文書這麼便宜），我覺得書就是家裡最珍貴的裝飾品。雖然我很愛看書，但不常到圖書館借書，因為家裡囤積了非常非常多的書。隨著年紀越來越大，書也越來越多，家裡的書彷彿永遠看不完，感到幸福又充實的同時，又覺得壓力好大！但這個正向壓力或許能夠解釋為激勵，能夠感受到這種神奇能量的人非常幸福，感謝爸媽讓我愛上閱讀。

當我面對不愉快的人際互動，或只是自己如潮般的情緒波動時，閱讀不只提供了避難所的功能，還讓我看到更寬闊的世界與時空，覺察到別人的煩擾、困頓，當抬起頭關照別人，或站在別人的角度觀看一部分的自己，自己的心結憂思就會被解構，從而明朗起來。父母有時候會擔心孩子在學校的表現，擔心孩子被排擠、被孤立、被討厭，或融不進群體，甚至被霸凌，我們更無法預知自己會不會遇到這種情況，但若平時有閱讀的習慣，便能對

自己與外在的關聯淡然處之，因為內在的自己已透過閱讀而充實完整，這些負面感受就不會那麼嚴重強烈。閱讀也讓我感受到隨時有瞭解自己的朋友在身邊，讓我在孤單時不覺得「寂寞」，而是一種超然豁達的「孤獨」的自信。

看書不是崇高的興趣，沒有看書就比運動、跳舞、畫動漫等更優越這回事，只是，我認為這是最容易「養成」的「好玩又實用」的興趣，不需要特殊才能，就能透過閱讀學到很多本領。

看書也不是嚴肅的事情，不一定要把它視為一個有「目的性」的事。很多同學看到我有空就拿起書本，隨時隨地都能閱讀，常常會發出哀號：「怎麼又要看書！」我腦中會自動將這句話翻譯成：「哈！又可以看書了！」看書對我來說並不辛苦，反而是放鬆大腦的時間，我把閱讀視為一種玩樂，便能夠沒有負擔、自在快樂地閱讀。

電影

偉文爸爸

小時候看電影是一件大事，一是電影票價相對於當時一般家庭的收入來說算是不小的開銷，另一點是因為看電影是戒嚴時代中少數被允許的大眾娛樂。在那個錄放影機還沒有發明的年代，電影只能到戲院裡看，放映過後要再看到那部影片是困難到幾乎不可能的事情。

一直到我讀高中時錄放影機發明了，影片才有機會在戲院之外流通，甚至個人可以典藏反覆欣賞。我當實習醫生後，有了微薄的津貼，就開始買錄影帶，直到成家立業生了孩子，錄放影機逐漸被光碟機取代、ＤＶＤ開始流行前，我大概就購買收藏了七百多支錄影帶，佔滿了一整個書櫃。結果後來一看，錄影帶全發霉了，而且以現今的標準來看，影像品質簡直是模糊得慘不忍睹。

我對這個過度數位化的時代其實是有很多意見的，尤其行動裝置剝奪了生活的空白、緩慢與不受干擾的空間，使得許多的美好隨風而逝。但是，數位影音時代最令我感激的就是讓影片有了「再閱讀」的機會，而且再也不必為了找一部影片耗費無數的時間與精力。於是，電影像書本一樣，可以收藏，可以隨時反覆再閱讀，又因為取得容易與普及，每個人都能夠用電影來輔助教學，與孩子一起看電影也成為唾手可得的家庭溫馨美好時光。

當然，不管是錄影帶、ＤＶＤ、硬碟或雲端資料庫，儲存的媒介不斷改變，但一定是朝向更方便、更容易取得與使用的方向前進，電影也更全面影響了我們，從大眾娛樂躍升為整個國家社

會文化創意產業的火車頭，除了形塑流行風潮之外，也引導我們看待世界的角度。

最近這些年，我也喜歡善用電影作為ＡＢ寶學習的輔助工具，算是延續了自己年輕時透過電影窺視世界的習慣吧！

A寶

「大家好，我是ＸＸＸ，我的興趣是看電影……」上高中有很多自我介紹的機會，幾乎每三個同學裡就有一人說自己的興趣是看電影，由此可知電影的普及與受喜愛的程度。

我也屬於那三分之一，喜歡電影視覺帶來的震撼。如果問我一生中不可以不看的電影是什麼，我會毫不猶豫地回答《真善美》。

輕輕閉上眼，就能感受來自阿爾卑斯山的微風拂過，看到奔馳的七個兄弟姐妹，伴隨著飄揚的音符在翠綠原野上翻滾、嬉戲。小時候，我喜歡觀賞劇中每個小孩的神情，細細研究每一個人的個性，幻想我們也擁有這麼多熱鬧的兄弟姊妹。我總是興高采烈地跟著旋律大聲唱和，為那些百聽不厭的歌曲著迷，尤其是〈So long, farewell〉：孩子們和賓客道晚安，藉著優美的歌曲、生動有趣的肢體表演，留下最溫馨動人的晚安曲。

我也喜歡〈My Favorite Thing〉，主人翁瑪麗亞說這首歌是難過時唱的，唱時把自己喜歡的東西加進去，心情就不會那麼難過了（When I feel sad, I simply remember my favorite things and then I don't feel so bad.）。歌唱有種讓人放鬆的感染力，有種讓塵世煩惱都消散的魔法。

流行於二次世界大戰前後、結局總是歡樂美好的音樂歌舞片，成了人們脫離困苦生活、逃避現實的一種方法。《真善美》陪伴我度過稚嫩的童年，動人與充滿歡笑的歌聲也陪伴我熬過苦悶的青春歲月，帶給我活力和能量。

我一直認為，父母給我此生最棒的禮物，是一個沒有電視且處處都是書的家。鑽進書裡，看到豐富的人生風景，閱讀讓我瞭

解到世界的無限寬廣。而每逢週末假日，全家還會一同欣賞電影、紀錄片，並在觀賞完後討論分享。

閱讀是我心靈的源頭活水，全家的電影時光讓我看到了不同的生命故事，無形中，凝聚了家人情感與建構我的價值觀。

還記得爸媽有一個令我們又愛又恨的絕招，那就是為了確保我們沒有「白看」電影，他們要求我們每看完一部電影就要交出一篇「心得」，或是提出問題討論，如果不照做，那下次就沒電影可看了！

爸媽這個規定使我們不得不硬著頭皮擠出一些文字。一開始我們很抗拒，也想耍賴，但為了看心愛的電影，只好配合。漸漸的，我們從寫心得、討論，慢慢學會體會電影裡的意涵。

一起看電影的時光，無疑是我們家最溫馨的時光。

B寶

我曾經是全家對電影最執著的人，現在則到了新境界，覺得書本比電影更深入、更有彈性，可以自己暫停、快轉，以自己的節奏去思考、想像。國中時，要是週末不看電影我無法原諒自己，而且我對電影非常挑剔，因此不喜歡上電影院看電影，因為院線商業片很難通過「好笑、感人、有意義」三者缺一不可的基本門檻。看電影除了放鬆，還很貪心地想要藉此體驗許多不同的人生。

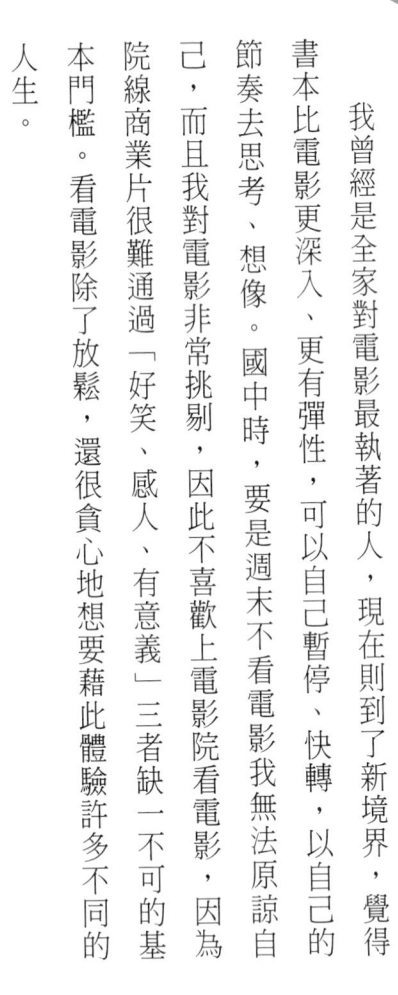

我不喜歡把同一部電影重看很多遍，即使它再好看，我也會認為還有那麼多好電影來不及看，先別看第二輪吧！但是，《在深夜加油站遇見蘇格拉底》是我很難得看三遍的電影，每次觀賞都還是會為了蘇格拉底的智慧雋語動容。

這部電影不只是劇情好看、有張力，還傳達了很多生命價值觀。「活在當下」是一種很難傳授也很難學習的生活態度，大概只能等我們準備好，才可迎接突然的頓悟。然而，透過電影營造

的氣氛，有時這種難以描摹的概念，卻能讓人很深刻又像呼吸吐納一般自然領會。

蘇格拉底也很犀利地談「死」，他斷言「死亡並不可悲，可悲的是大多數的人沒有真正活過」。很少人敢如此肆無忌憚地大談死亡，但他不只切中要點，還反向激勵，讓國小時初次見到這句話的我，開始思考死亡與活著之間的關係。到國高中再看、三看時，我的體會更深，覺得要熱情、有熱度地活著，才不枉到人間這番遊歷。

挫折

偉文爸爸

最近這些年常有機會演講，常有聽眾會問我人生裡曾遭遇哪些挫折，因為次數實在太頻繁，不免讓我困惑，難道現代人真的是那麼脆弱、挫折不斷嗎？

記得多年前，有一家威士忌酒公司準備在台灣進行一項公益計畫，名稱是「KEEP WALKING 夢想資助計畫」，只要你提出夢想，一旦獲得評審青睞，就可以得到一百萬元獎金。為了宣傳這個徵選計畫，他們找了一些不同領域的人來代言，故事鎖定生命

中遭遇挫折，但是始終不放棄，最終實現了夢想的人物典範。

我也是代言人之一，有個晚上坐在李奧貝納廣告公司的會議室，十多個人圍著我，「逼問」我有什麼挫折。記得當晚我最終還是沒有給他們明確的答案，最後他們挑了荒野保護協會關注的議題經歷多年失敗後最終成功獲得人們認同的故事當作廣告文宣。

其實，直到今天，我對挫折的感受還是一樣，只要你自己認為不是挫折，那就不是挫折，即便別人認為你不斷失敗或不斷受苦很可憐。

把每一次失敗當作實驗的結果——原來這個做法行不通，心平氣和地接受，然後著手新的嘗試，心中沒有怨懟，也就沒有挫折所帶來灰心或沮喪。

這並不是唱高調，而是非常理性的選擇。

記得有一句名言是這麼說的：「如果你沒有一定要達到的目標，那你從什麼方向走都可以。」

人生也沒有非賺多少錢、職位非升到多高，否則就不值得活這樣的事情，所以，努力是當然，凡事只要盡其在我就夠了，不可預料的結果就安然接受，不要浪費時間與精力後悔或折磨自己。

因此，我從來沒有挫折。

A寶

不管是大學入學面試或大考作文題目，「挫折」都常入題。可能是喜歡閱讀真人故事與傳記，我覺得比起書中人物，我的挫折嚴格講起來只能算是挑戰。因此，我為了找「挫折」困擾了好久，講起來似乎有點可笑，不過，當時我真的為了要添加作文素材，報名了路跑，想體會跑不動的的挫折感。

終於，我「找到」我的挫折了，朋友的疑惑也讓我理解了我曾有的挫折。痛苦會忘記，美麗會留下，其實這股隱隱約約的挫折感伴我許久，我的確曾感到沮喪，不過，現在的我已經不再難

過。

「有這麼厲害的妹妹，妳不會覺得壓力很大嗎？」聽朋友這麼一問，回憶如泉水般湧現。從小開始妹妹學什麼東西都比我快，一起學扯鈴學得比我快，一起學鋼琴彈得比我好，一起學丟球也比我先上手，不僅如此，她讀書也讀得比我優。買同樣的課本，寫一樣的參考書，甚至讀書時間也一樣，她就是考得比我好，成績多個好幾十分。雖然爸媽不會特意拿我們兩個做比較，呆呆的妹妹也會幫助我，當我的免費家教，不過，我總有一種「悲戚感」——一種追也追不上的感覺。龜兔賽跑中，我是烏龜，妹妹是兔子，然而，妹妹這隻兔子是說什麼也不會休息的啊！

一直到了國高中，我才找到自己的自信，相對於不善言辭的妹妹，我很會溝通，我這才慢慢發現，這根本不是一場龜兔賽跑。

現在的我很感謝有這麼一個隱隱約約的挫折陪伴我長大，它讓我更能同理、更懂珍惜。

B寶

我想我是個神經極度大條，以及顏面神經失調到無法不微笑的人，常有人問我：「妳為什麼每天都笑嘻嘻的？」我想了一下，只好回答：「那麼為什麼你不要快樂？」我覺得人隨時隨地都能夠很快樂，只看自己願不願意調整心態，放下煩惱，學會感受當下活著的美好。

面對一般同齡者常見的煩惱，大部分時候我不會視它為挫折，只當作是生活的小插曲、變奏。入伍訓練的某一天晚上，同伴雙眼腫腫地跑回寢室，原來是剛被班長罵了。沒幾天，同伴陷入憂鬱中無法抽離，突然就崩潰大哭。至於我……「欸，妳今天被電了，好像被電很慘，妳還好嗎？」「啊？我今天有被電嗎？喔！妳說那個啊！只是講講話啦！沒怎麼樣。」有時候我會自動把「噪音」頻率縮小，把別人視為被電的慘況合理化解釋為「溝通」。很多當下感覺嚴重得不得了的事情，放在時間的長流來

看，其實根本是小事一樁，只夠拿來當床邊笑話說說。一想到這樣，心情自然就輕鬆許多，也就愉快起來啦！

唯一比較長期伴隨我的困擾，大概就是欠缺「口語表達與社交」這項能力吧！尤其當有一個「公關交際姊」的時候，這個弱點又異常鮮明了。

夢想

偉文爸爸

大家都認為我是一個不務正業的牙科醫師，有些熟識的老朋友也消遣我，說我是中華民國錢賺最少的開業醫生，對於這些評論，若以正面的角度來解讀，應該是稱讚我是一個不受限於世俗價值、追求夢想的人，若以更文學性的描述，就像學生時代屢屢有同學說的，我是一個浪漫的理想主義者。

其實，這都是誤會，我從來不是一個勇敢的人，更不會為了理想拋頭顱灑熱血，反而會很務實地仔細評估自己可以承受的損

失、可以犧牲放棄的底線是什麼，然後才會嘗試新的挑戰。

這種「膽小」的個性，我拿好朋友拖鞋教授常說的一句話來自我安慰：「一位偉大的冒險家從來不做冒險的事。」

就像高中填大學志願時，雖然我因為曾參與校刊《建中青年》的編輯，而對當時的「報導文學」產生興趣，但最終還是選擇當醫生，而不是為社會貧苦大眾發聲的記者。

不過，我還是在醫生這個安穩但可以實際幫助別人的工作中，實現了年輕時的夢想，並善用可以安排自己時間的職業特點，將大部分時間投入各種社會關懷活動中。

「只要我們有心，技術問題都是可以解決的。」這是我年輕至今的信念，《牧羊少年奇幻之旅》這本書用更文學更浪漫的方式來描述這個概念：「只要我們真心渴望一件事情，全宇宙的力量都會來幫助我們。」

這個「真心」就是一種信念，一個念茲在茲、魂牽夢縈的想法，不過，我們要記得，信念是代表辛勤努力的開始，而不是坐著等待「心想事成」。

因此，追求夢想很重要，務實地在真實世界流汗流淚，用自我的力量讓自己存活下來也很重要，所以，我願意是一個永遠的「務實的理想主義者」。

A寶

「What is your dream?」剛學英文時，英文課本曾出現這麼一課，映入眼簾的是幾個小孩分別講出doctor、cook、teacher、firefighter，小時候，我以為夢想等於職業。

國中作文題目常常針對「我的夢想」做變形，題目雖做了包裝，本質還是一樣，要我們寫出自己的夢想。我曾認真想過這個問題，還洋洋灑灑寫了一大篇自己看了很爽但分數極低的作文，那時的我便知道針對這種問題，要用譬喻排比甚至是摹寫來包裝鋪陳，於是，我沒有剩餘的時間和精力想這個問題。

高中時，社會上湧現了好多正向且鼓舞人心的力量，如社會

企業、公益服務、青年創業等，出現了好多告訴我們「追夢吧！不畏艱難的追夢吧！」的聲音，雜誌專題報導也滿是成功追夢的故事。大家像喝白開水一樣那麼自然地講起自己的夢想。也常有人鼓勵我們寫下夢想，然後想辦法實踐，每次我被要求這麼做時，就會感到很慚愧。

我，沒什麼夢想，連選填科系都是最後幾秒事到臨頭才決定的。當大家大聲疾呼追求夢想時，其實我比較在乎自己是不是比昨天更好，比較在乎如何將我現有的能力發揮到極致。對於未來，我沒有頭緒，只希望自己在有熱情的同時，能非常務實、專注地投入，並且擇善固執。

我期許自己在作夢時，能把務實放前面。務實不是現實，務實是多一點想法，想法是一種意念，一種單純、不容妥協的心念。把想法放在真實社會中，在真實的社會中努力，然後在流汗流淚中累積實力，最後才有能力、機會發掘並實現興趣和夢想，也才能造成一點改變。就像是高中時的我沒有花很多時間思考要選讀哪個科系，反而花很多時間在讀書，等我拿到選擇大學的門票時，再一一去瞭解，選定好後再慢慢摸索。

開明的爸媽期待我們追夢去，但我也知道，比追夢更重要的是多一點務實的想法。

B寶

什麼是夢想？如今任何事冠上夢想兩字就好像升格一般，需要配上旁人「哇——」的一聲驚嘆。夢想是個太氾濫的名詞，就我而言，仍想老古板地將夢想局限在趨近於「生活的目的在增進人類全體之生活，生命的意義在創造宇宙繼起之生命」這樣概念。

儘管現在是個鼓勵大家追夢的時代，儘管剛好出生在一個很鼓勵小孩有奇特夢想的家庭，但是很遺憾的，我沒有可歌可泣的偉大夢想。當然，夢想不用偉大，只要行動，但我認為「天然」誕生的夢想可遇而不可求，比較踏實一點的是從學習中慢慢探索

出一點輪廓、邊線。

我不急著去追夢，想盡辦法硬擠出一個夢也是很痛苦的。不如把絞盡腦汁找出夢想的時間，拿來好好學習當下所學，藉由閱讀累積經驗、智慧與故事，廣泛接觸多元事物，活得很有熱情活力吧！

國家圖書館出版品預行編目 (CIP) 資料

浪漫教養的完成式—AB 寶給偉文爸爸的真心話 / 李偉文、李欣澄、李欣恬合著 . -- 初版 . -- 新北市 : 大眾國際書局 , 2014.11
272 面 ; 14.8 x 21 公分 . --(因為愛系列 ; 1)

ISBN 978-986-301-482-9 (平裝)

1. 親職教育 2. 子女教育

528.2 103018082

因為愛系列 **001**

浪漫教養的完成式——
AB 寶給偉文爸爸的真心話

作者　李偉文、李欣澄（A 寶）、李欣恬（B 寶）
繪者　李欣恬（B 寶）
出版部副理　顏少鵬
特約編輯　謝佩親
特約美編　一瞬｜蔡南昇、周世旻
行銷統籌　顏少鵬
副總經理　周韻如
出版發行　大眾國際書局股份有限公司 大邑文化
地址　22069 新北市板橋區三民路二段 37 號 16 樓之 1
電話　02-2961-5808（代表號）
傳真　02-2961-6488
信箱　service@popularworld.com
大邑文化 FB 粉絲團　http://www.facebook.com/polispresstw

總經銷　聯合發行股份有限公司
電話　02-2917-8022
傳真　02-2915-7212
法律顧問　葉繼升律師
協力印刷　皇甫彩藝印刷
初版一刷　西元 2014 年 10 月 31 日
定價　新臺幣 330 元
ISBN　978-986-301-482-9

大邑文化
POLIS PRESS

大邑文化
POLIS PRESS

大邑文化
POLIS PRESS

大邑文化
POLIS PRESS

大邑文化
POLIS PRESS